Klaus Schamberger

Ich
bitte
um
Milde

Band VI

Gerichtsglossen aus dem
Achtuhr-Blatt / Abendzeitung
wissenschaftliche fränkische Erörterungen,
Sinngedichte
**Anzeigenentwurf und Gestaltung
von Günter Rezab
Technik: Klaus Zeilein**
erschienen im Sigena-Verlag
Klaus Schamberger
90530 Wendelstein bei Nürnberg,
Kastanienstr. 6

© Copyright by Klaus Schamberger
5. Auflage 1993
Veröffentlichungen, auch auszugsweise, nur mit Genehmigung des Verlages
Layout und Technik: Klaus Zeilein
Umschlag: Günter Rezab und Heinz Adolf Böhm
Anzeigengestaltung: Günter Rezab
Gesamtherstellung: W. Tümmels Buchdruckerei und Verlag GmbH, Nürnberg

Nürnberg an der Bengerz

Nix halbs, nix ganz
Nix grouß, nix glanns
Hald asuu zwischerdrinn
Zwischern Schuggerd und Nordosdring
Zwischer Kouhweiher, Kanal und Bengerz
Dou bumberd mei Lebkoung-Herz
Iich mecherd nerchads leem wäi dou
Iich bin hald a Bäiderlasbou
Zwischer alde Gasladern
Und SS-Kasern
Zwischern Diehl
Und Schdaabiil
Aamol schäi, aamol hii
Nedd Fleisch und nedd Brii
Hitler- und englischer Gruß
Kinderschbillblädz im Ruß
Haiser aus Baggschdaakees
und aus Beddong
Suwos mousd soung
Nix halbs und nix ganz
Nix grouß und nix glanns
Hald asuu zwischerdrinn
Zwischer Schuggerd und Nordosdring
Zwischer Kouhweiher, Kanal und Bengerz
Dou schlächd mei Lebkoung-Herz
Iich mecherd nerchads leem wäi dou
I bin hald a Bäiderlasbou.

Der Einheimische und die Touristen

Dadurch, daß wir in unserem berühmten Schatzkästlein verschiedene Sehenswürdigkeiten haben, strömen die Touristen durch die Straßen, als wäre Nürnberg so was wie Oberammergau, Dinkelsbühl oder Neuschwanstein. Diese Menschen aus Milwaukee, Kamasutra oder Katterbach bewundern hier die Baustellen, kühne mittelalterliche Umleitungen oder die legendären Baudenkmäler wie den Plärrer, das Parkhaus am Sterntor und den Schlachthof. Um die drei berühmtesten städtebaulichen Akzente zu nennen.

An den Touristenstrom durch unsere Stadt heftet sich aber leider auch ein schwerer Mangel. Und zwar haben diese Globetrotter keine Ahnung, wo sich zum Beispiel die Krelingstraße befindet, das Maxfeld oder irgendein gotisches Clo-Fenster. Mit anderen Worten: Die Touristen kennen sich in Nürnberg nicht aus und sind auf Schritt und Tritt auf die Hilfe von den Ureinwohnern angewiesen.

Und für diese Unterstützung bedarf es dringend eines Leitfadens seitens des Fremdenverkehrsamtes, denn nicht jeder Nürnberger weiß, wie er souverän einer Reisegruppe aus Hawaii die Problematik der Eisernen Jungfrau erläutern soll. Wie oft beobachtet man Hilflosigkeit, Depressionen und Nervenzusammenbrüche bei Bürgern, die nur eine kleine Auskunft geben sollen. Sie fallen in sich zusammen wie ein Sack Wasser und stammeln dann unter ständigen Verbeugungen: „Wäi, wos – wohii mecherdn'S? In die Schwebbermannschdrass. Allmädchd naa, die Schwebbermannschdrass – mir lichds aff der Zunger. Wenns mi zwaa Minuddn vuurher gfroochd häddn – obber ausgrechnd edzer fällds mer nedd ei. Die Schwebbermannschdrass, die Schwebbermannschdrass – ja binni denn edzer ganz bläid!"

Die zweite Stufe besteht dann darin, daß eine weitere Person hinzugezogen wird: „Horng'S, Sie dou, genger'S amol gschwind her", sagt der Herr, dem die Schweppermannstraße schwer auf der Zunge liegt, „dou is a Moo, der kummd direggd aus Neujorg. Des is in Ameriga. Nedd weid wech derfoo, wou mei Schwesder vuur dreißg Joor middern Ami niiber is. Ner ja, däi is edzer aa scho widder gschiidn, gell. Der Moo will wissn, wou die Schwebbermannschdrass is. Naa, nedd der Moo vo meiner Schwesder. Der Moo dou aus Neujorg. Der mecherd in die Schwebbermannschdrass."

Nach einer halben Stunde beraten etwa sechs bis sieben Mann über die Schweppermannstraße, über die Scheidungsgesetze in Amerika und ob man zu einer Frau, die vor dreißig Jahren einen US-Soldaten geheiratet hat, immer noch Ami-Schnalln sagen darf. Die Problematik der Schweppermannstraße wird nur noch am Rande berührt. Negative Beispiele sind auch auf dem Gebiet des Versicherungswesens bekanntgeworden. Eine Dame aus Düsseldorf hat in der vergangenen Woche von einem völlig unscheinbaren Herrn mit Brille und schlohweißen Haaren wissen wollen, wo das Sakramentshäuschen von Adam Kraft steht. Sie ist nicht in den Genuß dieses Kunstwerkes gekommen. Der unscheinbare Herr war ein Versicherungsvertreter und die Dame aus Düsseldorf hat nun eine Lebensversicherung, eine Hausratversicherung sowie einen Bausparvertrag abgeschlossen. Sie wird noch lange an das Sakramentshäuschen von Adam Kraft denken.

Harmloser, aber ebenfalls anzuprangern, ist die Irreführung eines Engländers, der nach der Nürnberger Burg fragte. „Please", bat er einen Passanten, „where is the castle." „Ja nach Kassel", sagte der Passant, „dou sin'S dou verkeerd, gouder Moo. Dou mäin'S aff die Audobahn Würzburch."

Auch verfallen manche Nürnberger bei Auskünften gegenüber ausländischen Touristen in eine Sprache, die linguistische Hochkultur verrät. Das klingt dann so: „Hauptbahnhof? Du wollen Hauptbahnhof? Gehen nächste Straße links, dann groodaus, verstehen? Immer schauen, dann scho sehen Hauptbahnhof. Du verstehen? Nix kabbiddo? Nou leggsd mi am Oorsch und kaffder an Schdaddblan!"

Solche Auskünfte dienen nicht dem Ansehen des Deutschen Reiches Schatzkästlein.

Nürnberger Herbst

Edzer
sin di Durisdn endli widder fodd.
Edzer
konnsd widder nei zon Behringer middooch
und ganz laud Seggs mid Meereddich
beschdelln
ohne dasdi glei a Breis froochd,
ob der Sex mid Meereddich
bsonders scharf is.

Der betrunkene
U-Boot-Kapitän

Es hat auf dem Amtsgericht geklärt werden sollen, ob der Helmut ein sehr reinlicher Mensch ist, ob er eventuell in der Hose eine Zwangsneurose hat oder ob er zur Tatzeit seiner unsittlichen Darbietungen lediglich sturzbetrunken war. Das fehlende Glied in der dazugehörigen Beweiskette ist jedenfalls an einem Sonntag zur Mittagszeit derart stark hervorgetreten und sichtbar gewesen, daß die Polizei den Helmut am Ufer der Pegnitz festnehmen hat müssen.

Er hat dort am Kettensteg die Öffentlichkeit erregt in Gestalt von verschiedenen Damen, die in dem nahen Gartenlokal ihren Schweinebraten mit rohen Klößen gegessen haben und ansonsten an Schweinereien, wie es der Herr Amtsgerichtsrat zu bewerten beliebte, kein Interesse hatten.

„Ich hob", sagte der Helmut, „im Burchgroom in ganzn Fräih a weng Dschogging gmachd und hob gschwidzd wäi a

11

Sau. Und nou hobbi mer dengd, dassi mi in der Bengerz a weng abwasch." Also verschwand der Jogger nach eigenen Angaben züchtig hinter dem Ufergebüsch, entkleidete sich und sprang in die Fluten der schönen braunen Pegnitz. Danach soll er sich genauso diskret wieder angezogen haben.

Dieser Version widersprach aber eine der Zeuginnen vor Gericht heftig. „Mir is", sagte diese Dame, „vuur lauder Schregg ball mei Schaifala im Hals schdeggn bliim. Der Moo is dodaal naggerd ummernander gloffn und hodd si dauernd direggd vo vorn zeichd. Und wäi er ins Wasser ganger is, isser am Riggn gschwummer, daß mer sein Dings dou ganz genau sichd." Es soll bei diesem besonders verwerflichen Rückenschwimmen wie das Periskop von einem U-Boot gewirkt haben.

Daß sich außer der Öffentlichkeit im Biergarten auch der Helmut in einer gewissen Erregung befunden hat, bestätigten noch drei weitere Zeuginnen. „Sie häddn", bohrte der Richter noch ein bißchen nach, „obber doch aa wo andersch hinschauer kenner?" „Also erlaum S' amol", sagte die erste Zeugin, „wenn a naggerder Moo in der Bengerz am Riggn derheergschwummer kummd, dou mousd doch unwillkirlich hiischauer. Des kennd ja aa a Wasserleich sei, wou mer rauszäing mous, odder?" Polizeilich sind außerdem noch 1,6 Promille festgestellt worden, die dem Helmut den Schritt über die Hemmschwelle vielleicht erleichtert hatten.

Nach verschiedenen Abwägungen ist der betrunkene U-Boot-Kapitän und sein Periskop zu einer Geldstrafe von vierhundert Mark verurteilt worden. Nach dem Urteil ergab sich dann noch ein kurzes Fachgespräch zwischen zwei Zuhörern. „Wenn däi Weiber", sagte der eine, „den sein Schnerbfl gseeng hom, nou mousi mi scho gscheid wundern. Wou die Bengerz doch hexdns fuchzeha Grood hodd. Dou zäichds der doch alles zamm." „Des schdimmd scho", sagte der andere, „obber hosd du nunnix vo den Schbrichwordd g'heerd ‚In der Kürze lichd die Würze'?"

Die Harmonie von Körper und Geist

Ursprünglich war der Fritz ein völlig unscheinbares Wesen wie du und ich und hat nach der Devise gelebt, lieber dick drin sein als groß rauskommen. Vor drei Jahren hat er aber eine Begegnung mit den meditativen Kräften gehabt in Gestalt eines Anmeldescheins für eine Karateschule, und seitdem steht er wie ein höheres japanisches Medium über den Dingen.

Er hat drei Jahre lang die Harmonie von Körper und Geist, die Kunst der Vielseitigkeit und das unterbewußte Reagieren studiert, und jetzt gilt für ihn das alte Wort aus dem Kamasutra. „Die Axt im Haus erspart den Zimmermann", denn er kann mit der Handkante Bretter auseinanderhauen.

Der Vertreter der Harmonie von Körper und Geist ist vor Gericht gestanden. Er hat als Zeuge aussagen sollen, wie es kurz vor dem Weihnachtsfest bei einer Vorführung in seinem Stamm-Wirtshaus mit der Harmonie nicht richtig funktioniert hat und er mit einer gebrochenen Hand in die Unfallklinik gebracht werden hat müssen. Angeklagt war der Edmund, der mit überirdischen Japanern nicht viel am Hut hat.

„Jeedn Dunnerschdooch", sagte der Edmund, „hodd der immer mid sein jabbanischn Gschmarri Drimmer Vuurdrääch am Schdammdisch derzilld und derbei an Lidder Milch drunkn, daß mir bam Hiischauer scho schlechd worn is. Und am Schluß hodder nou suu Kombfermazionsübungen gmachd, odder wäi mer dou sachd, und a Schdiggla Hulz in

13

der Middn vonander g'haud. Dou derbei hodder einen Schrei rausgloun, daß glei der Schaum vom Bier zammgfalln is."

Der Edmund hat dem Fritz dann einmal im vertraulichen Gespräch mitgeteilt, daß er wahrscheinlich nicht irgendein japanischer Würdenträger ist mit transzendentalen Kräften, sondern ein ganz normaler Windbeutel. Und die Bretter sind vorher angesägt. Der Schüler der japanischen Harmonielehre bot daraufhin dem Edmund an, daß er das nächste Mal ein Hartholzbrett mitbringen kann und daß es dann trotzdem funktioniert.

Am darauffolgenden Donnerstag brachte der Edmund also ein sauber poliertes Eichenbrett mit, und der Fritz konzentrierte sich mit geschlossenen Augen auf den von zwanzig Mann mit Spannung erwarteten Handkantenschlag. Das Brett lag wie immer zwischen zwei Stühlen, er murmelte zwei, drei Worte auf japanisch, stieß einen Schrei aus, die Hand schmetterte wie von göttlicher Hilfe angetrieben auf das Brett, und sofort hörte man einen zweiten Schrei.

„Ja", sagte der Edmund, „dou hodder si nou die Händ brochn g'habd, gell. Wall desmol hodder sei Breddla nedd midder Seech behandln kenner. Des hob ja iich miidbrachd."

Behandelt ist das Brett aber trotzdem gewesen, beziehungsweise drehte es sich nicht um ein Brett, sondern um eine zwei Zentimeter dicke Stahlplatte, die der Edmund handwerklich einwandfrei mit einem Eichenfurnier belegt hatte.

Das Verfahren wegen Körperverletzung wurde aber eingestellt, weil es der Herr Amtsgerichtsrat mehr für eine Stammtischgaudi hielt, bei der der Verfechter von der geistigen und körperlichen Harmonie eventuell durchblicken hätte können.

„Midder Harmonie in dein Körber", sagte der Edmund zu ihm danach, „dou is scho alles in Ordnung. Nerblous am Geisd mousd hald nu a weng ärwern. Sayonara, gell!"

Der Trottoir-Trottel

Der Hans-Georg hat ein Häuschen im Süden der Stadt und ist im Lauf der letzten Jahre ein glühender Verehrer von behördlichen Maßnahmen geworden. Es hängt damit zusammen, daß sein Gehsteig wahrscheinlich als Übungsgelände für den Straßenbau bestimmt worden ist.

Nach einem längeren Schriftwechsel hat er seinerzeit das Trottoir asphaltieren lassen. Einen Tag später ist der Asphalt aufgerissen worden, weil irgendwelche Leitungen defekt waren. Es ist bald wieder zugeschüttet worden, weil es eine Woche später wegen der Kanalisation wieder aufgegraben hat werden müssen.

Anscheinend hat beim anschließenden Zuschütten jemand seine Zigaretten oder sonst was wichtiges in dem Loch liegen lassen, weil es kurz danach wieder geöffnet worden ist. Danach ist der Gehsteig in eine Parkbucht verwandelt worden und infolge eines gerichtlichen Einspruches ist aus der Parkbucht wieder ein normaler Gehsteig gemacht worden. Es sind dann noch Telefonleitungen, Gasrohre und Abwasserleitungen verlegt worden.

„Aamol", sagte der Hans-Georg jetzt vor Gericht, „binni fräih a weng schbeed vom Werzhaus kummer und middn Kubf vuroo inner Luch neigfluung, wou oomds nu alles zou gween is. I maan grood, i hob mei Haisla direggd anner Berchwerk hiibaud!"

Der Hund vom Hans-Georg ist auch schon in die Tiefe gestürzt und nach verschiedenen Nervenzusammenbrüchen hat sich der Hausbesitzer geschworen, daß er bei der nächsten Ausgrabung einschreitet. Er hat nicht lange warten müssen.

Drei Wochen nach dem Absturz von seinem Dackel ist an einem Montag früh um halbacht wieder ein Trupp Arbeiter mit einem Bauwagen-Anhänger in der Straße erschienen. „Zwaa Mann", sagte der Hans, „sin middern Bläänla in der Händ rumgrennd, a boor hom scho die Biggl raus dou und a Bresslufdhammer is aa dorddn gschdandn. Ummer neuner homs nou Veschber gmachd in den Anhänger drinner."

Nachdem leise, laute, schriftliche, mündliche und gerichtliche Proteste bisher wenig gefruchtet hatten, schritt der Hans-Georg jetzt zur Tat. „Iich hob doch", erläuterte er dem Herrn Rat, „weecher mein Wohnwoong an mein Audo a Anhänger-kubblung droo. Ner ja – dou hobbi nou denni ihrn Anhänger hiighängd und hob nern forddgfoorn."

„Und die Arbeiter?" fragte der Richter. „Ja däi", sagte der Hans-Georg, „däi sind drinner g'hoggd bam Veschber". „Und wo hammers dann hingfahrn, Herr Nachber?" – „Ins Schdaabrichla hobbis nausgfoorn, dou is a schäiner Barg-bladz fürs Veschbern. Wäi is abg'hängd hob, hodd mi anner bam Groong baggn wolln, obber i bin grood nu derfoo kummer!"

Wegen dieser Freiheitsberaubung wurde der Hans-Georg zu einer Geldstrafe von 2500 Mark verurteilt. „Und außerdem", sagte der Richter, „ham die nix am Gehschdeich machn wolln, sondern die Schdrass ausbessern."

Der Sündenfall am Silbersee

Der Robert ist so etwas wie das Weltgewissen. Wo er geht und steht oder betrunken hinfällt, prangert er den Sittenverfall an und weist auf das nahe Ende der Welt hin. Seine Drohungen haben lediglich den Nachteil, daß sie in der Welt kaum gehört werden. Hin und wieder versucht er aber in seiner engeren Heimat Langwasser, Mitmenschen vor dem jüngsten Gericht zu retten.

Dieses Mal handelte es sich um zwei füllige Damen namens Hilde und Heidi, die der nimmermüde Apostel aus der Vorstadt anläßlich eines Sonnenbades am Silbersee auf die Anklagebank und damit in die Obhut des Allmächtigen bringen konnte.

Diese zwei Damen hatten die ersten warmen Sonnenstrahlen damals genutzt und sind hüllenlos hinter einem Busch gelegen. Der Robert war am späten Nachmittag an dem doppelten Sittenverfall zufällig vorbeigekommen, bekleidet mit einer Turnhose, Sandalen, einem breitkrempigen Strohhut und vier oder fünf Dosen Bier im Plastikbeutel.

Mit folgenden Worten wollte er die zwei Freikörperkultur-Preisträgerinnen auf den Pfad der Tugend zurücklocken: „Däi Sauerei schreid zon Himml. Dou heerd si doch alles aaf – schblidderaggerd dou heerleeng! Sin mir edzer innern Buff, odder am Silbersee? In anner Minuddn seider oozuung alle zwaa, sunsd hulli die Bolli!"

Daraufhin sagte eine der zwei Barock-Ladies, indem sie sich auf die andere Seite wälzte und dem Robert die beiden Front-Spoiler zuwandte: „Gäih Vadder, hald dei Waffl, sunsd baggerdi, dassder die Aung rausdreed." Und die andere fügte vollkommen ruhig hinzu: „Schäiß in Wind, alder Bogg. Wennsd schbidz bisd, nou gäisd hamm zu deiner Aldn."

Es folgten dann noch einige unsachliche Ausführungen über Handarbeit, Do-it-your-self und andere Bastelvergnügen, die den Robert vor lauter Scham zum Bier greifen ließen.

Daraufhin äußerte sich zart wieder die erste Dame: „Horch Scheff, mach dou kann Schaddn! Gäih aus der Sunner, hald dei Goschn und verzäich di!" Während ihre Begleiterin den Robert aber zum Verweilen aufforderte. „Wennsdi", sagte sie, „schäi naggerd auszäigsd, nou derfsd nu a weng doubleim. Mid deiner Wambn konnsder ruich dei Huusn roodou. Däi hängd suu schäi driiber, dou sichd mer nix vo dein Engerling!"

Der Robert schwankte noch, ob er weiterhin den Sittenverfall anklagen, die Polizei holen oder ein zweites Bier öffnen solle, da zogen ihm die zwei Damen die Turnhose in die Kniekehle und warfen seinen Strohhut in den Silbersee. „Und nou homs glachd alle zwaa, Herr Richter, dassis ball zrissn hädd. Des woor wäi es Lachn vom Saddan. Und iich hob mei Huusn widder naafzuung und hob die Bolli g'hulld."

Es ist aber doch nicht ganz geklärt worden, ob der Robert wirklich die Moral aufrechthalten wollte oder was anderes, und das Verfahren gegen die Hilde und die Heidi ist eingestellt worden.

In den Furchen des Knoblauchlandes

Der Konrad hat im Norden der Stadt auf der Blaukraut-Prärie vom Knoblauchsland schon längst den Bekanntheitsgrad des berühmten bunten Hundes erreicht. Zwar ist er nicht bunt, aber auf jeden Fall ein Hund, und in die Historie ist er anläßlich eines unsittlichen Übergriffes teils in die Furchen eines Kartoffelackers, teils in die Furchen einer Bäuerin namens Paula eingegangen.

Vor Gericht ist jetzt aber weder der Konrad gestanden, noch sein Herrchen und Gebieter der Karl, sondern die Paula wegen Tierquälerei. Die Frau Bäuerin ist damals im Spätsommer im Schweiße ihrer selbergestrickten Unterhosen am Feld gestanden und hat Kartoffeln gehackt.

Die Sonne hat auf das Knoblauchsland und die Paula heruntergebrannt, und um einen gefährlichen Hitzestau zu vermeiden, ist die praktische Bauersfrau einfach aus ihrer Unterwäsche gestiegen.

Kartoffeln hackt man bekanntlich im Bücken, und so hat dann das unsittliche Unheil in Gestalt des Konrad seinen Lauf genommen. Unbemerkt von der Paula hatte der Schäferhund Witterung aufgenommen und setzte dann plötzlich zu seinem furchterregenden Nasenstüber an.

„Dou mecherd iich Sie amol seeng, Herr Richder", sagte sie, „wenn Ihna suwos bassierd. Ich bugg mi grood am Buudn noo, dou fäärd mir aff amol vo hindn wos Eiskalds zwischer die Baaner nei. Des woor wäi eine Doodn-Hand, Herr Richder!"

„Dassi nedd lach", meldete sich der Karl zu Wort, „a Doodn-Hand! Des is mein Hunderla sei Schnauzn gween. Der hodd hald a weng rumgschnubberd. Der hodd in seim Leem nu kann bissn – der werd hald blous a weng schbilln hoom wolln."

Sofort schrie aber die Paula dem Karl seine Verniedlichungen nieder: „Des is ka Hunderla, Herr Richder, den sei Viich is eine Wildzau und ein Siddnschdrolch. Und woorscheins hodd der den dressierd aff solche Schweinereien!" Das wiederum ließ sich der Karl nicht gefallen. „Wenn des Schweinereien sin", schrie er zurück, „blous wenn mei Konrad a weng rumschniffld, nou mecherdi amol wissn, wos des is, wenn a alde Frau halmi naggerd am Agger schdäid!"

Der Herr Amtsgerichtsrat unterbrach dann aber die Diskussion um Kleidervorschriften beim Landanbau und um den Geruchssinn von deutschen Schäferhunden. Es gehe lediglich darum, sagte er, ob die Paula den Hund mit ihrer Kartoffelhacke verprügeln hat dürfen oder nicht. Inklusive dem Schock von der Schnauze durfte sie es und wurde vom Vorwurf der Tierquälerei freigesprochen.

„Und mei Konrad", maulte der Karl nach, „der hodd aa an Schogg. Jeedsmol wenner anner Weibla hiischnubberd, zäichder in Schwanz ei, waller maand, dasser anne midder Kaddoffl-Haggn naafgräichd. Dou werd mer doch mei Waggerla nu imboddend!"

Der Lachsack an der Frauentormauer

Obwohl der Otto mit dem alpinen Tourismus im Sinne Luis Trenkers nichts am Hut hat, gestattet sich der ältere Herr regelmäßig noch einen kleinen Aufstieg im Gebiet der Frauentormauer. Auch schätzt der Pensionist in der Natur Schnepfen über alles. Am Amtsgericht hat er jetzt über seine Touren detailliert Auskunft gegeben.

Daß der Körper verlangt, was er braucht, daß er sich die fünfzig Mark pro Vierteljahr praktisch vom Mund abspart, daß es bei ihm noch ganz gut geht und von einem Mattenhorn gewissermaßen nicht die Rede sein kann. Im allgemeinen hat er auch über die Damen, die ihr Geld im Schlaf verdienen, eine gute Meinung. Mit einer einzigen Ausnahme, und wegen der ist er vor Gericht gestanden.

Es dreht sich dabei um die Christa, bei der sich der Respekt vor dem Alter in Grenzen hält. „Normool", sagte der Otto, „häddi mid dera goornedd affs Zimmer gäih solln. Sachd doch däi zu mir ,No Grousvadder, browier mers aa nu amol' und nou hodds recht dreggerd glachd. Und zu anner Kolleechin hodds nu wos vom Noodarzd gsachd. Ganz leis – obber iich hobs scho g'heerd."

Die Vorfreude auf die fünf Schäferminütchen überwog aber die starken Zweifel und der Otto ging mit. Durch die despektierlichen Äußerungen der Christa war aber dem Herrn Freier seine Bereitschaft praktisch beim Nullpunkt angelangt.

Zur psychischen und physischen Aufrichtung hinterlegte er noch einmal fünfzig Mark – vergeblich. „Des hobbi mer ja nu alles eigäih loun, Herr Richder", sagte er, „obber wos nou kummer is, des is mer denn doch a bissla zer weid ganger. Mer mousi ja nedd alles gfalln loun, gell!"

Und zwar hat die Christa am Nachtkästchen neben dem Sofa einen kleinen Sack stehen gehabt. „Dou hodds hiiglangd", erinnerte sich der Otto, „und aff aamol fängd dou in den Zimmer anner ganz laud es Lachn oo. Der hoddsi richdi gschiddld vuur lauder Lachn! Ich bin dermoosn derschroggn, dassi in mein Gfraasch glei in die Huusn neigrumbld bin und die Underhuusn vergessn hob."

Das Gelächter über den Otto kam aber nicht von einem heimlichen Zuschauer im Zimmer, sondern von dem kleinen Sack auf dem Nachtkästchen. Es drehte sich um einen Lachsack, den die Christa angeblich aus Versehen eingeschalten hatte.

Ob unabsichtlich oder als Antwort auf den Otto seine mangelnde Einsatzbereitschaft, stand aber nicht zur Debatte, sondern die Ohrfeige, mit der der Gast auf die künstliche Lachsalve geantwortet hatte. Die kostete eine Geldstrafe von 700 Mark.

Nach dem Urteil hörte man plötzlich aus der Hosentasche des Angeklagten ein markerschütterndes Gelächter. „Dschuldichung", sagte der Otto, „i hob mer nemli edzer aa an Lachsagg kaffd – dassi wenigsdns a weng wos lusdigs in der Huusn hob."

Ist eine Pappdeckel-
nase obszön?

Bekanntlich sind in den letzten Jahren die Faschingskostüme vor allem der Damen immer durchsichtiger geworden. In manchen Fällen hat man sogar meinen können, daß eine Ballbesucherin gar nicht selber erschienen ist, sondern ihr Röntgenbild geschickt hat.

Oben ohne ist zwar nicht in allen Fällen günstig, aber auf Kostümfesten häufig verbreitet. Daran hat sich wahrscheinlich auch der Erich erinnert, wie er in der Südstadt mit einem seit Jahrhunderten bewährten Faschingskostüm einen Kappenabend besucht hat: einen schwarzen Pappdeckel-Homburg am Kopf, eine Pappnase im Gesicht und ein Ringelhemd vom Schockn für 7,80 Mark.

Dieser Kappenabend hat kurz nach Mitternacht bereits seinen Siedepunkt erreicht, der jetzt leider vor Gericht behandelt hat werden müssen. Der Siedepunkt war selbstverständlich der Erich.

Nach dem Genuß verschiedener hochprozentiger Getränke hat er nach mehreren Versuchen den Stammtisch erklommen und den Gästen mitgeteilt, daß jetzt ein Striptease zum Vortrag kommt. Der Mann an der Hammond-Orgel hat „Oh du schöner Westerwald" gespielt, und der Erich hat ein Kleidungsstück nach dem anderen fallen lassen.

In dem Moment sind zwei Polizisten in dem Wirtshaus erschienen, von denen sich der Erich aber bei seiner künstlerischen Darbietung überhaupt nicht aufhalten hat lassen.

„In aller Rouh", sagte der eine Polizist jetzt vor Gericht, „hodd der Moo sei Underhuusn roo und is dodaal naggerd aff den Diisch rumg'hupfd. Obber es schennsde kummd ja nu: Wäi iich soong hob wolln, dasser serfordd aafheern soll, douder aff aamol sei Babberdegglnoosn vom Gsichd roo und schäibds iiber sein Dings – also Sie wissn Bescheid Herr Richder – er hood also däi Noosn driibergschuum und danzd dou droomer weider, wäi wenn nix wär."

Darauf wollten die zwei Polizisten den Stripper festnehmen, aber der Erich flüchtete und konnte erst nach einer längeren Polonäse durchs ganze Wirtshaus auf der Toilette verhaftet werden. Auch die mißbrauchte Papp-Nase wurde als Beweisstück sichergestellt.

„Also horng S' amol, Herr Richder", sagte der Erich, „grood walli däi Babberdegglnoosn driiber gschuum hob, binni doch unschuldich. Es konn do kanner soong, dassi dodaal naggerd gween bin!"

Der Erich wurde wegen Erregung öffentlichen Ärgernisses aber dennoch zu einer Geldstrafe von 500 Mark verurteilt. Unter anderem auch deswegen, weil sein Hochspannungsmast von der Pappnase nur sehr dürftig bedeckt war.

„Des konn scho sei", sagte der Erich, „daß aweng wos rausgschaud hodd. Obber suu Drimmer Noosn gräings doch in kann Gschäfd."

Nahtlos geht bei uns in Franken schon seit Jahrtausenden der Fasching in die Bockbierzeit über. Der bekannte fränkische Heimatpfleger Paul Preller hat dazu in einem alten Hühnergrab bei Hiltpoltstein den folgenden Achtzeiler ausgegraben:

Bockbierzeit

Es Gfriis weiß und gräih
kann Bfenning im Boddmonee
An Drimmer Hedscher
Im Hals schdingds nach Zwedschger
Am Nachdkäsdla Kubfwehdableddn
Gwalm iiber die Ehebeddn
Oh Schmerz, Oh Elend, Oh Leid
Und edzer kummd die Boggbierzeid

Aus der Welt der Mode:

Mehr Spielraum in der Hose

Wie wir wissen, wächst jedes Jahr im Frühling in uns gewissermaßen ein neuer Mensch heran. Das gilt jetzt neuerdings auch für Männer. Man braucht sich lediglich an die Wampn langen, die sich im Winter durch Mastgänse und verschiedene Longdrinks wie eine Maß Bockbier angesammelt hat. Schon fühlt man eine frühlingshafte Schwangerschaft und daß irgendwie wirklich ein neuer Mensch in uns heranwächst.

Die Inhaber von Modefabriken erklären diese Menschwerdung in the springtime wieder ganz anders. Nämlich, daß man sich neu einkleidet ab 20. März, vom frischen Komposthütchen bis hinunter zum reißenden Absatz am Kroko-Schühlein. Selbstverständlich hat auch hier die Frau ihre Domäne aufgeben müssen. Die Männer sitzen jetzt genau so beim Pfeif-O-Clock im Kaffeehaus, einem leicht getönten Ei-Liner im Antlitz, Rouge auf den Backen, wie bei einem Pavian und blättern in den Mode-Journalen.

Für diesen Frühling haben sich die Maßschneider dieser Welt aber auch wieder ganz entzückende Creationen für uns Männer ausgedacht. Alles ist weit und breit, es schlaggert und bambelt, und wir schreiten einher wie Humphrey Bogart, Rudolfo Valentino oder Andreas Urschlechter.

Am interessantesten ist heuer entschieden die Hose. In ihr verschwindet man wie das siebte Geißlein im Uhrenkasten und es gibt aus ihr, wegen der enormen Größe, kaum ein Entrinnen. Bei Gegenwind soll man, ähnlich wie beim Segeln, blitzschnell die Hosenträger kappen. Es sei denn, man ist in Besitz eines gültigen Flugscheines.

Diese Hosen sind so großzügig geschnitten, daß man dort Kameradschaftsabende abhalten kann und beim Kauf Grund-

stückssteuer fällig wird. Das Hosentürchen ist zur Schwing-
türe geworden, es ist Windfang und Portal, wo man die Gäste
begrüßen kann. Endlich hat man wieder mehr Spielraum in
der Hose. Dazu muß man allerdings wissen, daß für diese
neuen Hosen und Jacken eine Mindestnorm des Trägers von
zwei Meter Größe vorgesehen ist.

Kleineren Menschen widerfährt beim Verlassen der Umklei-
dekabine folgendes: Käufer (dumpf): „Frollein, i sich nix
mehr, i bin blind..." Verkäuferin: „Schäim'S amol langsam
in Kubf nach oomer – naa, nedd ausn Huuserdiirla raus! Nu
weider naaf. Und genger's ausn Huuserbaa raus. Des is doch
ka Schloofsagg!" Käufer (beim zweiten Auftritt): „Frollein,
kennd mer dou ewendwell zwaa Meeder abschneidn? Auer-
lauerlau, Doldi, bass hald a weng aaf!" (Rappelt sich wieder
auf, nachdem ihm ein Kunde am anderen Ende der Boutique
auf die Hosenbeine gestiegen ist und er aufs Gesicht gefallen
war). Verkäuferin (nach zwei Stunden): „Also, die Huusn
demmer a weng naafgrembln, es Hemmerd lou mer offn, däi
zwaa Gnebf nehmer's miid, in die Ärml mach mer an Gnuudn
nei und dou gibbi Ihna nu zwaa Wäschzwigger miid." Und
dann noch unter der Ladentür: „Owachd geem! Schdeing's
nedd aff Ihr neia Jaggn draff!"

Diese Jumbo-Hosen für Rüssel aller Art mit den entspre-
chenden Großraum-Jacken gibt es heuer in Lila, Gelb und
Grün und sogar in Nürnberg. Wir tragen sie in Seide, Nappa,
Velours oder Wildleder und können mit ihnen ohne weiteres
auch Fenster reinigen im zwölften Stock. Wenn wir dabei
abstürzen, dienen sie uns als Fallschirm.

Als Accessoires verwendet man vielleicht eine Rolex um
fünfzehn Mille. Bolero-Jäckchen oder Chemisettes mit Puff-
Ärmelchen. Auch die Schuhe sind gelb oder grün. Wir bieten
also den Anblick eines Wellensittichs oder Kanarienvogels,
selbst pfeifen können wir. Und zwar aus dem letzten Loch,
angesichts der Bankbelastungen. Das Ganze hüllt man dann
noch in einen Lancia oder Ferrari, rundet es mit einem
Borsalino-Hut und einem geilen Krokotäschchen ab. Derart
als Lackaff bekleidet begeben wir uns dann aufs Frühlings-
fest. Dort wirft sich dann nur noch die Frage auf: Maßanzug
oder die Maß in ann Zuuch.

Getrennt trinken, gemeinsam prügeln

Der Toni und der Theo haben verschiedene gemeinsame Interessen. Beide schätzen sie weibliche Rundungen und Reize, den Genuß prickelnder Getränke und halbseidene Unterhaltungen früh um drei in einer Nachtbar. Auch haben die zwei Kumpel gemeinsame Mangelerscheinungen, und zwar im Bereich der Brieftasche.

Der Herr Emil, der Inhaber einer kleinen, diskreten Abkochnische in der Südstadt, hatte mit den zwei Greifvögeln schon einmal einen denkwürdigen Kontakt gehabt. Gemäß dem Emil seiner dunklen Erinnerung sind die beiden damals mit einer Dame im Separee gesessen bei einer Flasche Champagner zu zweihundertvierzig Mark, es ist eine Meinungsverschiedenheit aufgekommen, wer an die Dame hinlangen darf und wer nicht, und der Emil hat dann alle zwei hinausgeschmissen. Erst später hat sich herausgestellt, daß die zweihundertvierzig Mark vom Champagner leider noch offen waren.

Der Fall Nummer zwei ist jetzt vor Gericht ausgehandelt worden. „Des woor annern Moondooch", sagte der Emil als Zeuge, „dou is ba uns suwisuu die Kadz gfreggd. Und suwos ummer zehner rum kummd anner rei und beschdelldsi an Biggolo und zeha Minuddn schbeeder kummd numol anner

31

und beschdelld aa an Biggolo. Nou hobbi mer dengt, Emil, hobbi mer dengd, dou gäid haid doch nu a Gschäfd und hob zu an jeden a Maadla hiigschiggd."

Wie vermutet, ließ sich das Gelage finanziell sehr schön an. Ein Piccolo gesellte sich zum andern, man ging zu Champagner und verschärften Gesprächen über. Es ist über Autos gesprochen worden, wie sich der Emil erinnerte. „Der anne Moo", wußte er noch, „hodd zu der Helga gsachd ‚Gäihsd a weng mid naus, nou zeichi der mein Sexzylinder'."
Aber nach dem Genuß von feinem deutschen Schaumwein im Wert von siebenhundert Mark nahmen die Gespräche plötzlich einen ganz anderen Verlauf. Der eine Herr sagte zum anderen, daß er sein Maul halten soll, Glas splitterte, Champagnerflaschen wurden scharf gemacht, die Damen rannten in Panik auf die Toilette und die zwei Zecher fielen schon übereinander her.

„Ich bin nou", sagte der Emil „glei hinder ins Biroo, hob mein Schreggschußrewolwer g'hulld und hobbs dann alle zwaa mid die Händ iibern Kubf zum Ausgang hiidriim. Und wäi iich gschriea hob, daß verschwindn solln, dou hobbi mer dengd, Emil hobbi mer dengd, däi zwaa kummer der doch irchndwäi bekannd vuur."

Der Emil hatte richtig getippt, es drehte sich um den Theo und den Toni, aber sie waren schon verschwunden. Die Hinterlassenschaft bestand diesmal aus mehreren kaputten Sektflaschen und einer Zechschuld von siebenhundert Mark. Zwei Wochen später sind beide dann in einem Restaurant erwischt worden, wo sie sich mit Regenschirmen verdroschen hatten, nach einem Abendessen von hundertzwanzig Mark.

Dank ihres Vorstrafenregisters dürfen jetzt der Toni und der Theo für ihre inszenierten Schau-Kämpfe je sechs Monate einrücken. „Dou mäisder hald a weng a Rafferei oozeddln", gab ihnen der Emil noch mit auf den Weg, „vielleichd schmeißns' Eich nou aa widder naus."

Die Nachteile einer gotischen Kirche

Der Emil wohnt am Dorf und bekämpft die damit zusammenhängende Einöde in der Gurgel dadurch, daß er immer am Freitag in die Stadt fährt und dort das Bier in derartigen Mengen einweist, daß man damit ohne weiteres auch Teile der Wüste bewässern könnte. Im Emil seinem Dorf gibt es nämlich leider kein Wirtshaus, aber eine Kirche.

Dieses heilige gotische Gebäude aus dem dreizehnten Jahrhundert ist jetzt Gegenstand einer Gerichtsverhandlung gewesen. „Wall nemli", sagte der Emil, „immer wenn iich hammkumm vo der Schdadd, und mei Frau froochd mi, wäivill Uhr daß scho widder is und iich sooch, es is korzz nach Middernachd, nou fängd däi bläide Kirch iiber der Schdrass driimer es bimmln oo. Wenns dou nou viera odder fimbfa schlächd, nou schau i nerdirli ald aus, gell!"

Wegen dieser zeitlichen Differenzen zwischen dem Emil und der Kirchturmuhr ist es sehr häufig auch schon zu schweren ehelichen Differenzen gekommen. Mit dem Mesner hat der Emil deswegen schon eine längere Unterhaltung gehabt, ob er nicht für ein paar Maß Bier irgendwas manipulieren kann. Aber die Elektronik in der Gotik hat diesem Vorhaben leider einen Strich durch die Zeitrechnung gemacht. „Es gäid alles eleggdrisch", hat der Mesner gesagt, „dou kommer nix zriggschdelln und nix abschdelln."

In einer schönen Nacht vom Freitag auf den Samstag ist der Emil vor dem Gotteshaus gestanden. Es war kurz nach halb fünf, und er hat sich ausrechnen können, daß, wenn er seiner Frau im Schlafzimmer gerade was von kurz nach Mitternacht erzählt, es von gegenüber fünfmal mit dem Klöppel dröhnt.

Eine fast vollkommene Trunkenheit hat dem Emil bei seinen Überlegungen gewissermaßen Flügel verliehen. „Ganz genau", sagte er jetzt vor Gericht, „konni mi aa nemmer erinnern. I wass nerblous nu, dassi ummer fimbfer zu meiner Frau gsachd hob, es is halberaans und der Kirchdurm driimer hodd wäi durch ein Wunder sei Waffl g'halden."

Dieses Wunder war von längerer Dauer und die Polizei fand am anderen Tag einen demolierten Schaltkasten, eine aufgebrochene Kirchentür und einen Vorschlaghammer, der nach einigen Befragungen dem Emil zugeordnet werden mußte.

„Ja Godd", sagte der Emil, „wenn Sie soong, daß iich des Schluus aafbrochn hob und mid mein Vuurschloochhammer däi ganze eleggdrische Woor dou drinner zammg'haud hob, nou werds scho schdimmer."

An verschiedenen leeren Meßweinflaschen in der Sakristei sind auch die Fingerabdrücke vom Emil festgestellt worden, und es hat sich auf sieben Monate Gefängnis mit Bewährung summiert und eine Geldbuße von dreitausendsechshundert Mark.

„No, brima", sagte der Emil, „nou hilfd nerblous nu anns – die Gemeinde mous ummern Kerchdurm rum an Lärmschudzwall hiibauer. Ba der Audoboohn homsis ja aa gmachd."

Denkmal

An der Lorenzkerch,
wemmer dervuur schdäid lings,
is des Dengmol vom Schusserbou.
Wou mer sichd, wäi der Deifl
an Schollboum
zamms seiner Bicherdaschn
zammbaggd.
Eingli mäißerds
aa a Dengmool geem,
wou der Deifl
an Lehrer hulld.

Modernes Leben:

Der Lottogewinn

Wie man jetzt in der Zeitung lesen hat können, muß man erschreckend viele Menschen in unserem Land entschieden unter der Rubrik Rindviecher einordnen. Es sind Menschen wie du und ich.

Sie gehen früh um sieben Uhr in die Arbeit und bleiben dort bis nachmittag um vier, kaufen sich nach dreißig Jahren ein Reihenhaus, machen Urlaub auf Sylt und auf Raten und ungefähr mit Fünfzig schenkt ihnen der Herr im Himmel einen Herzinfarkt sowie ein kleines Grundstück zwei mal drei Meter am Westfriedhof.

Eingezwängt in einen schönen Eichensarg kann man dann drüber nachdenken, ob es nicht besser gewesen wäre, wenn man im Lotto sieben Millionen Mark gewonnen hätte. Denn eine alte mesopotamische Weisheit von einem gewissen Tut Ench Mammon lautet: Lieber reich und gesund als arm und krank.

Reichtum erwirbt man völlig unkompliziert, indem man am Freitagnachmittag eine Lotto-Annahmestelle betritt, für drei Mark sechs Zahlen auf einem Schein ankreuzt, sich ein Bankkonto einrichtet und dann muß man lediglich noch auf die Ziehung am Samstagabend warten.

Nach einer wissenschaftlichen Wahrscheinlichkeitsrechnung stehen die Chancen gut. Ganz genau kann man es nicht sagen, aber es ist irgendwas mit eins zu vierhundert Millionen. Es kann also sein, daß man heute nachmittag einen Dauerlottoschein abgibt und ungefähr im Alter von siebenhundertfünfzig Jahren dort wieder auftauchen und mit glücklicher Stimme verkünden kann: „Hier bin ich – es steht vor ihnen der Lottomillionär! Wo ist mein Scheck?"

Bei einem Höchstgewinn von fast sieben Millionen Mark, wie er jetzt vorgekommen ist, kann man sich etwa dreieinhalb Millionen Halbe Bier kaufen, oder einhundertzwanzig Porsche oder vierzehn Millionen Laugenbrezen. Je nachdem, ob man Hunger oder Durst hat oder Auto fahren will.

Man kann sich aber für diesen Lottogewinn auch ungefähr dreidreiviertel deutsche Bundestagspräsidenten kaufen. Reichtum verpflichtet und Geld muß man arbeiten lassen. Am besten in Form von Politikern, wie schon der alte Flick richtig erkannt hat.

Wie fast in allen Fällen, haben auch beim Lottogewinn die Götter vor den Preis einen Schweiß gesetzt. Dieser bricht aus, wenn man in der Lottoannahmestelle steht und sich für sechs bestimmte Zahlen entscheiden soll.

Man denkt, die Drei wär ganz hübsch und macht auf ihr ein Kreuzchen. Dann verwirft man die Drei wieder, die Sieben kommt einem plötzlich in den Sinn und dann fährt draußen die Linie sechs vorbei und man wägt ab, ob nicht die Sechs der Grundstein für sieben Millionen Mark sein könnte. Dabei taucht dann doch wieder die Sieben als Kandidat auf.

Man muß bei diesem Lottospiel ein entscheidungsfreudiger Mensch sein, sonst kann es statt mit sieben Millionen, wie bei der Hausfrau in Nordrhein-Westfalen, mit zwei bis drei Schelln ausgehen. Denn hinter einem warten häufig Menschen, die auch ihren Lottozettel ausfüllen möchten.

Auf jeden Fall kann man mit den Lottogewinnen seinen Lebensstandard verbessern. Allerdings nicht, wenn man drei Mark fünfzig gewinnt. Wer in den letzten dreißig Jahren wider Erwarten noch keine Million Mark gewonnen hat, soll es mit einem System probieren. Es ist todsicher.

System bedeutet, man muß mehr Spiele machen. Zum Beispiel zwanzig Lottoscheine ausfüllen, die Süddeutsche Klassenlotterie breitflächig abdecken, ebenso die Glücksspirale (es handelt sich dabei nicht um ein vom Papst verbotenes Verhütungsmittel), den großen Preis, die Spielbank in Kissingen und die Losbude bei der Ziegelsteiner Kärwa.

Man wendet pro Woche höchstens dreitausend Mark Einsatz auf und kann am Montag schon stolzer Besitzer von sieben Mark fünfzig oder von einer Langspielplatte mit der schönen Stimme der Maria Hellwig sein.

Es folgt jetzt noch das Gedicht vom Lotto:

Drund aff der Schdrass,
unser Obbl-Rekord
Der rosd uns undern Hindern fordd
Schau der blous den Schrodd oo
Hobb Moo, edz schbill mer Loddo

Unsere Natur:
Die erhabene mittelfränkische Bergwelt

Das Frankenland und hier wiederum ganz besonders unser mittelfränkisches Kleinod beziehungsweise Kleinöde ist, wie jeder Wandersmann weiß, vor allem für seine erhabene Bergwelt bekannt. Neben dem Walberla und dem Moritzberg sind es in erster Linie die Schuttberge, die sich majestätisch über uns erheben von Schweinau bis Schwabach, von Buchenbühl bis Behringersdorf, von Katzwang bis Katterbach.

Die Bevölkerung kann dabei erwartungsvoll in die Zukunft blicken, denn der Schutt wird immer mehr. Wir haben hier Steigerungsraten bis zu siebenunddreißig Prozent und können davon ausgehen, daß vielleicht in zwanzig Jahren im Großraum Nürnberg ein liebliches Gebirge errichtet ist, wo die Alpen oder der Himalaja ein matter Schotterhaufen dagegen sind.

Vergessen sind dann Montblanc, Mount Everest oder Matterhorn: Wir treten früh vor die Tür und blicken ehrfürchtig auf den dioxinbedeckten Gipfel des großen St. Schrotthard, der von Schoppershof aus steil ansteigt und fette Ratzen und Plastiksäcke dem Bergsteiger den Weg weisen. Kleine Kampfgasschwaden im Tal, die sich rasch ausbreiten, künden dem erfahrenen Gipfelstürmer, daß sich das Wetter ändert. Der Hüttenwirt droben am Plärrer-Hochhaus bläst das Alphorn und gibt den Smog-Alarm bekannt. Aus einem plastikschindelgedeckten Kehrichteimer lugt die Sennerin und beobachtet droben am Sulfat-Gletscher die Bleischmelze. Ein früher Wanderer mit einem Geigerzähler am Bauch, der Gasmaske vorm Gesicht, einem kecken Gamsbart am Stahlhelm, kommt des Wegs und bittet um ein Glas frisches Ammonium.

Die fränkischen Fremdenverkehrsdirektoren können also aufatmen, denn wenn die Schutthalden so weiterwachsen, müssen wir auf diese alpenländischen Attraktionen nicht mehr allzulange warten. Jeder Bürger ist aufgerufen, daß er an diesem Jahrhundertbauwerk tatkräftig mitarbeitet, und die meisten halten sich auch daran. Jeden Tag ein voller Mülleimer – und schon wieder sind wir mit unserem Gebirge dem Firmament ein Stückchen näher gekommen.

Wie bei allen großen Vorhaben gibt es natürlich auch in diesem Fall Miesmacher und Spielverderber, die irgendwas murmeln von Luftverschmutzung, Grundwasserverseuchung und tödlichen Giften. Sie sagen sogar, man soll im Interesse der Menschheit das Müllproblem so schnell wie möglich lösen, sonst ist unser Lebensraum bedroht. Dem ist entschieden entgegenzuhalten, daß erstens einmal jeder Mensch sowieso sterben muß, zweitens wären dann alle Bemühungen unserer großen Verpackungsindustrie völlig umsonst gewesen und drittens weiß doch ein jeder, daß die Lebensqualität ihren Preis hat.

Auch für die Kulturwelt ist diese Anhäufung von Müll ja ein außerordentlich wichtiges Anliegen. Denn es werden doch auf unsere Nachfahren Kulturgüter überliefert. Sie graben in zweitausend Jahren Glasschüsseln aus, runderneuerte Autoreifen, Kühlschränke wie Heinrich Schliemann Troja und rätseln, ob diese Skulpturen von Praxiteles sind oder von Walter Kipfer dem Jüngeren. Statt dem Wagenlenker von Delphi haben wir den Autolenker von Lichtenhof und mit dem antiken Diskuswerfer wird irgendein Scheinwerfer von einem alten Opel konkurrieren.

Auch im Rathaus denkt man über dieses Müllproblem schon seit einigen Wochen nach und hat bereits einen Akt von hundertzwanzig Seiten angelegt sowie eine Wanderkarte für eine Rund-Tour zu den schönsten Schuttbergen. Es sollen jetzt Probebohrungen vorgenommen und Test-Wanderratten ausgesetzt werden, dann hat man alles fest im Griff.

Abschließend muß aber gesagt werden, daß man sich keine Gedanken machen und sich lieber an das alte fränkische Sprichwort erinnern soll: „Des werd scho wern, sachd die Frau Kern. Wall, ba der Frau Korn is aa widder worn."

Man soll die Polizei nicht provozieren

Blaublütig Autofahren ist bekanntlich sehr gefährlich, denn auch an Schleichwegen verstecken sich oft die gefürchteten Blasrohrindianer von der Polizei und warten auf die Geisterfahrer von der Sorte Himbeer-, Birnen- oder Zwetschgengeist. Manche umfahren deswegen das Stadtgebiet nachts, weitläufig, schlucken vor Fahrtantritt drei Pfund Eukalyptusbonbon oder warten auf den Tagesanbruch und reihen sich dann in den morgendlichen Berufsverkehr ein.

Eine ganz neue Methode hat der Helmut entwickelt. In einem weltentrückten Zustand von 2,6 Promille ist er angeblich mit seinem Auto durch die Stadt gefahren und an einer Polizeikontrolle durchgewunken worden. Zehn Meter danach hat er gehalten, ist ausgestiegen und auf die drei Polizisten zugegangen. „Horch amol Scheff", hat er gesäuselt, „iich glaab ihr schbinnd a weng, hä? Seid ihr edzer dou zon Fiirerscheinzwiggn odder zon Schloufn?"

„Horch, Masder", antwortete der Polizist, „i hob edzer ka Zeid, dassi mid dir dou a Kaffeegränzla abhald. Kumm, gemmer a Schdiggla weider!" Diese Antwort befriedigte Helmut überhaupt nicht. „Also", brüllte er zurück, „iich bin bsuffn wäi dausnd Russn, Scheff. Und middn Audo binni aa gfoorn. Und wenndsd mer du edzer nedd aff der Schdell mein Schein zwiggsd, nou foori ins Bräsidium nei und dou gräigsd a Deooder, dassd in dein Leem nimmer frouh wersd."

Wie sich der Polizist von soviel Dummheit stark verstört abwenden wollte, schob der Helmut noch einmal nach: „In Schein abnehmer, odder es grachd!" Dann endlich kam es zu der gewünschten Sachbehandlung, in deren Verlauf dem Helmut tatsächlich der Schein abgenommen wurde.

Aber jetzt bei der Gerichtsverhandlung lagen die Dinge auf einmal wieder ganz anders. Nämlich, behauptete der hartnäckige Selbstanzeiger jetzt, daß er damals zwar einen erheblichen Lack im Gesicht hatte, aber nachweislich nicht mit dem Auto gefahren ist.

„Des woor asuu, Herr Richder", sagt er, „iich bin a weng ba anner Aldn gween, wou nerdirli mei Frau nix derfoo wass. Und dou mousi eigschloufn sei und aff aamol woors fräih ummer Vierer odder halber Fimbfer. Und um aans hobbi derhamm sei wolln. Nou hobbi mer dengd, Helmuud, hobbi mer dengd, dou hilfd nerblous nu a glanne Amdshandlung vo die Bolli. Und nou hobbi mi hald vo meiner Freindin durch die Schdadd foorn loun und hab gschaud, wou a Verkehrskondrolln is."

Der Nachweis fürs Autofahren war in der Tat nicht zu erbringen, aber dafür handelte es sich dann um eine Beleidigung der Staatsgewalt und das Vortäuschen einer Straftat, und das summierte sich auch auf stolze vier Monate mit Bewährung und viereinhalbtausend Mark netto aus der Brieftasche.

„Des gäid nu", sagte der Helmut, „wall derhamm hädds mer an Belzmandl kosd und um des Geld gräigsd ja hexdns an aus Goldhamsterfell."

Der Autokauf

Das Auto ist eine heilige Sache, ähnlich dem Sakrament in der Kirche. Deswegen ist ein Autoverkauf oft wie eine Trennung vom Allerliebsten und mit starken Schmerzen verbunden. Beim Alfons, der sich von seinem alten Mercedes trennen mußte, sind diese Schmerzen in Gestalt von einem blauen Auge, einem angebrochenen Nasenbein und Prellungen aufgetreten. Der Trennungsschmerz ist jetzt vor Gericht genauer beleuchtet worden.

Das blaue Auge soll auf einen Herrn namens Emil zurückgegangen sein, Urheber im Fall des Nasenbeins und der Prellungen war ein gewisser Ernst. „Daß mir edser dou verurdeild wern solln", sagte der Emil, „des is ja es Allerhäigsde! Mir sin braggdisch wäi die Lämmlein aff der Weide, Herr Richter. Wenn'S verschdenger, wossi maan." „Jawoll", pflichtete auch der Ernst als zweiter Angeklagter bei, „genauasuu schauds aus. Der Moo mid sein Mercedes, der hodd uns grolld, daß uns die Aung drobfd hom. Und edser hogder dou, wäi wenner nedd bis drei zähln kennerd."

Um die magische Zahl drei ist es auch beim Autoverkauf gegangen, wo dieser Alfons seinen Mercedes inseriert hatte, und am Samstag früh der Emil und der Ernst unglücklicherweise zeitgleich zum Sofortkauf erschienen sind. „Iich hob als erschder aff die Glingl driggd", brüllte damals der Emil, „und wer zeerschd schelld, der moold zeerschd. Iich gräich des Audo." – „An aldn Oorsch", beschied der Ernst, „ich gräich den Mercedes, wall i zool an Fimbfhunderda mehr. Ende!"

Während des Streits um den gebrechlichen Mercedes ging es noch darum, wer eher in die Straße eingebogen ist, wo der Alfons wohnt, irgendwelche Zehntelsekunden waren ausschlaggebend, und daß so ein schönes Auto zu jemand, der unrasiert ist und einen blöden Gesichtsausdruck hat, nicht paßt.

In dieser heißen Phase der Unterhaltung waren die Herren noch zu dritt und der Kaufpreis von anfangs zwölftausend Mark inzwischen auf sechzehntausend gestiegen. Dann war der Alfons von seiner Gattin abberufen worden. Nach fünf Minuten ist er wieder zurückgekommen und is noch Zeuge geworden, daß die Argumente mittlerweile aus Wörtern wie „asoziale Dreegsau" und „Schnallndreiber" bestanden.

„Reechd eich ab", sagte der Alfons, „grood hodd nu anner oogruufn, der zoold zwanzgdausnd Marg und der hulld nern innera halm Schdund ab. Also, dedd schäi middernander schbilln. Dou brauchder eich edzer die Kebf nemmer neihauer."

Daran hielten sich die zwei ausgebooteten Autokäufer und nahmen sich wie auf ein verabredetes Zeichen der erstaunten Kopf vom Alfons vor. „Mir schdreidn dou wäi die roudn Hund", sagte der Ernst zu seiner Entschuldigung, „und der verkaffd in aller Rouh sein Scheißkiibl annern andern! Suu gäids doch nedd, Herr Richder!"

So wie die beiden den Alfons geohrfeigt hatten, ging es aber auch nicht, und es wurde jeder zu einer einprägsamen Geldstrafe von sechstausend Mark verurteilt. „Oder will nu jemand fimbfhundred Marg draufleeng?" fragte der Richter nach, was von beiden einmütig verneint wurde.

Unser Minister-
präsident
als Kontrolleur

Wenn in den Wintermonaten Januar und Februar vor den
Blasröhrchen gewarnt und dringend zum Umsteigen auf die
öffentlichen Verkehrsmittel geraten wird, dann dreht es sich
dabei keineswegs um einen versteckten Hinweis, sein Scherflein oder auch ein paar Mark mehr einer Dame an der
Frauentormauer zu spenden. Sondern es ist dann die
Faschingszeit ausgebrochen, wo die Autofahrer wieder tiefer
fliegen, wenn sie zur Führerscheinkontrolle aussteigen
sollen.

Der Otto hat sich an den öffentlichen Aufruf, das Auto im
Fasching in der Garasch zu lassen, gehalten und ist von einem
sehr hormonischen Kappenabend pflichtbewußt mit der Straßenbahn heimgefahren. Es hat aber trotzdem vor dem Amtsgericht geendet.

Mit Indianern, Ölscheichs, einem Hans im Glück samt einer
blonden Gans unterm Arm und anderen Masken ist der Otto
damals in dem Triebwagen gesessen und hat ein kleines
Nickerchen gemacht.

„Und aff aamol", erinnerte er sich, „globfd mer anner gesdabbomäääßig aff die Schulder, dassi gmaand hob, i gräich an Schlisslbaabruch und wäi i die Aung aafmach, schdäid der Franz Josef Schdrauss vuur mir! Zeerschd binni gscheid derschroggn, walli gmaand hob, unseren Minisderbressidend homs in Münchn drundn kündichd und er mecherd ba uns dou a wenig a bolliddisches Asyl . . . hä, hä, hä!"

An diesem Punkt unterbrach ihn der Richter. Daß es sich hier nicht um ein Lachkabinett handelt und daß er seine politischen Manifeste woanders erzählen kann. „Also goud", fuhr der Otto fort, „i hob nerdirli nou scho gmergd, daß des nedd der richdige Franz Josef is, sondern nerblous a Larvn. Dou hobbi nou – mid Verlaub, Herr Richder – scho a weng lachn mäin."

Aber dann ist dem Otto das Lachen vergangen, weil der maskierte Ministerpräsident auf einmal mit hohler Stimme gefordert hat: „Zeing S'mer amol Ihrn Foorschein biddää!" Und zugleich präsentierte der Pappdeckel-Parteivorsitzende einen Ausweis. Wie sich später herausstellte, handelte es sich dabei aber nur um die Eintrittskarte von einem Faschingsball.

Er war in dieser Nacht Schwarzfahrer und ging mit seinem schlechten Gewissen sogleich in die Offensive. „Ja fraali", brüllte er den vermeintlichen Kontrolleur an, „edzer kummerdn die Billedd-Schlurcher vo der Schdrasserboo scho maskierd aff Kondrolliern. Du Rimbfiech vonnern Minisderbressidend! Dir gibbi gleich an Foorschein! Du konnst vielleichd an Fluuchschein hoom, wallsd edzer nemli glei nausfläigsd aus der Schdrasserboo." Den Worten folgte die Tat – an der Haltestelle schubste der Otto den Ministerpräsident ins Freie, wo er sich nicht unerheblich verletzte.

Es handelte sich aber nicht um einen Kontrolleur, sondern um einen weitläufigen Bekannten vom Otto. Wegen Körperverletzung wurde der Otto zu einer Geldstrafe von 1500 Mark verurteilt. „Und wenn der Franz Josef derfoo heerd", sagt ein Zuhörer, „nou gibds numol an Brozess. Wall ‚Rimbfiech' – des lässd si der Schdrauss nedd gfalln!"

Die Sittenlosigkeit im Fasching

Früher hat man sich für einen Faschingsball gern maskiert, inzwischen demaskiert man sich bei solchen Veranstaltungen auch. Und zwar im Bereich des weiblichen Körpers. Man sieht dort auf der Tanzfläche oder in manchen Nischen entschieden mehr Fleisch als früh um drei Uhr in seiner Gulaschsuppe.

Es gibt bereits Kostüme, die bestehen lediglich aus drei Konfetti. Um das Wegrationalisieren von verhüllten weiblichen Stellen ist es jetzt auch anläßlich eines vorstädtischen Vereinsfaschingballes am Amtsgericht gegangen.

Die Barbara ist an diesem Abend in einem sehr interessanten Kostüm erschienen. Das Bermuda-Dreieck war mit einer Vorhangkordel bekleidet und auf ihren zwei Zugspitzen ist je eine Pappdeckelnase aufgesteckt gewesen. Die männlichen Vereinsmitglieder haben sich um diese Barbara geschart wie die Fliegen um einen frischen Kuhfladen, bis es einer orientalischen Haremsdame namens Elisabeth zu dumm geworden ist. „Mei Moo, der alde Doldi mid seine vierasechzg Joor", hat sie geschrien, „hubfd edzer scho seidera Schund um däi Schnalln dou vorna rum. Edzer langds mer!"

Wie ein Mähdrescher arbeitete sich die Elisabeth zu den Klängen der Drei-Mann-Kapelle durch den Saal und fischte sich als erstes einmal ihren Ehemann aus der Menge der Schaulustigen mit einem schraubstockartigen Griff heraus. „Schau blous, dassdi dou schleigsd", schrie sie ihrem zu Tod erschrockenen Cowboy unter die Hutkrempe, „weecher dera naggerdn Zumpfl ihre zwaa Gnobbern schdellersd di du dou zwaa Schdund her! Woorscheins hom deine Fäiß scho Worzzln gschloong. Und die Aung aa!"

Und dann wandte sie sich an die entblößte Barbara persönlich. „Du alda Schlambn", brüllte sie, „hosd gwiss ka Geld, dasder wos zon Oozäing kaffsd! Suwos hodd doch die Weld nunni gseeng! Lässd dou ihre Abbaraade im Freia rumbambln, dass a jeeder sichd, daß nix droo is an dera schbindldirrn Hobbergaas. Normool mäißersd mid deine zwaa windichn Dinger nach Bonn foorn und froong, obsd nedd a weng a Endwigglungshilfe gräigsd! Schdeggnadlkebf schdadds Diddla und dann nu naggerd!"

Diese Rede enthielt verschiedene Beleidigungen, und außerdem machte die Barbara vor Gericht auch noch einen körperlichen Angriff geltend. „Am Schluß", sagte sie, „wäi ihr Dreegschlaidern langsam ruich worn is, dou hodds mehr nu genau aff mein Busn draff gschbodzd."

„Ja fraali", hielt die Elisabeth entgegen, „dou lachn doch die Henner. Affn Busn draffgschbodzd – fiir deine zwaa Gnallerbsn is mer doch mei Schbodze vill zer schood. Glaam'S ner däi Woor nedd, Herr Richder! Hexdns, dassi a weng a faichde Ausschbrooch g'habd hob."

Die Elisabeth wurde dann wegen Beleidigung zu einer Geldstrafe von 600 Mark verurteilt. „Normool", kommentierte sie das Urteil, „mäißerd däi die sechshundert Marg zooln. Wall dera ihre zwaa naggerdn Hubberla – däi sin doch a Beleidichung für die Umweld."

100 Jahre

Heiko Kistner's
M. Edelmann

In der Breiten Gasse 52/54
Buchhandlung + Antiquariat

In der Allersbergerstr. 60
Buchhandlung

Im Germanischen Museum
Kunst~Buchhandlung

In der Breiten Gasse 52/54
Verlag M. Edelmann

Mir wirds den Staub von den Füßen wehn
Wir von morgen werden neue Wege gehn.

(Zitat aus einer LP von Udo Jürgens)

Der Textdichter

I bin suu dumm
Dassi brumm
I bin suu bläid
Daß nemmer ärcher gäid
Mir homs ins Hirn gschissn
Mir hodds in Kubf zrissn
I g'heer zu die Freibierxichder
I bin a Deggsd-Dichder
I mous mi gscheid bloung
Zong
Säds mei Song (That's my song)
Zong

Die Welt des Humors:

Aus der Werkstatt eines Büttenredners

Lieber wieder eine Kommunalwahl, mögen jetzt vielleicht manche Menschen unterm Tisch seufzen, als einen Karneval. Aber heute beginnen gnallhart die fünf dollen Daache und man wird sich dem Frohsinn, der Freude sowie dem einen oder anderen Konfetti kaum entziehen können. Das wichtigste im überall tosenden fränkischen Fasching ist der Büttenredner. Er steht auf jeder Faschingsveranstaltung wie der Fels in der Brandung und erschüttert von der Bühne aus das Vorgartenzwerchfell seiner Mitmenschen mit sehr schönen Witzen.

Bei diesem Beruf liegt natürlich noch vieles im Dunkel. Was am meisten in uns bohrt, ist die Frage, wo bringt so ein Beherrscher des fränkischen Humors seine ganze Gaudi her? Wer schon einmal beim Verfassen einer solchen Büttenrede dabei war, der weiß Bescheid.

Es beginnt damit, daß sich der Büttenredner mehrere Flaschen Zwetschgenwasser mit in seine Bibliothek nimmt und vielleicht noch seine Frau und fünf bis sechs gute Freunde. An diese Personen wird dann zu gleichen Teilen der Zwetschgenschnaps verteilt und danach verschiedene Witz-Hefte.

Zum Beispiel das Standardwerk aller Büttenredner „Humor ist, wenn man trotzdem lacht", dann noch „Lachen ist die beste Medizin", „Die internationale Lachparade", „Der kleine Lachsack", „Lachen links und rechts der Pegnitz" (ein zweiseitiges Heftchen im Briefmarkenformat) und vielleicht noch das Taschenbuch „So lacht der Franke". Wobei es sich aber nicht um den Präsidenten der Bundesanstalt für Arbeit in Nürnberg handelt. Humbäää, Humbäää, Humbäää! Letztere drei Worte bilden einen Tusch, der stets nach einer Pointe – fränkisch: Beunde – gespielt wird.

Um auf die literarische Arbeit des Büttenredners zurückzukommen: Aus den oben genannten Werken werden die schönsten Witze ausgesucht, die der Humorist dann wie aus dem Stegreif seinem erstaunten Publikum mitteilt. Durch die Ausstrahlung, die so ein Büttenredner hat, und das Abschreiben aus den Witzbüchern kann man ihn und seine Helfershelfer auch als Wiederaufbereitungsanlage und Abschreibungsgesellschaft bezeichnen. Humbäää, Humbäää, Humbäää.

Am gelungensten ist so ein Abend in der Werkstatt eines Büttenredners aber, wenn die einzelnen Berater anfangen, Witze zu erzählen. „Wallsd grood Vuurgarddnzwerch saggsd", äußert sich der Nachbar, „dou fälld mer aa anner ei. Also, dou kummd a Lillibuddaner innern Medzgersloodn nei und hubfd . . . hald naa, verkeerd. I fang numol oo. Andersch woors – dou kummd a Medzger innern Lillibuddanerzirgus. Naa, verkeerd. Momend amol. Innern Lillibuddanerloodn schdäid der Zirgusmedzger und dou hubfd . . . dou hubfd. Edzer hobbin vergessn." Humbäää, Humbäää, Humbäää.

Anschließend meldet sich die Ehefrau vom Büttenredner zu Wort: „Horch, Vadder, solli den derzilln, wou der Heiner naggerd aff der Derrassn drausn schdäid und aff aamol a Schdallhoos kummd, den midder Gelberruum, wassd scho? Allmächd naa, iich drau mern nimmer weider soong. Naa iich derzilln nern nedd. Der is suu oddinär. I mach Eich läiber nu a Dässla Kaffee." Humbää, Humbää, Humbää.

Wie im Flug sind beim Anfertigen einer Büttenrede also fünf Stunden, zwanzig Witzhefte und vier bis fünf Flaschen Zwetschgenschnaps vergangen. Der Büttenredner hat währenddessen alles fein säuberlich in seinen Leitz-Ordner hineingeschrieben, verbindet das alles dann noch künstlerisch mit dem roten Faden, der sich durch die Witze unweigerlich hindurchzieht, setzt seinen grünen Hut auf und die rote Nase und erheitert unter verschiedenen Künstlernamen wie „Der Spatz vom Friedrich-Ebert-Platz" oder „Der Kapo vo Zabo" die Menschen im Schweiße seines Angesichts.

Wir sehen also daraus, wie stark die Karriere eines Büttenredners mit Schlaglöchern gepflastert ist. Und wir sollen ihn deswegen nicht verspotten, oder gar über ihn lachen. Humbää, Humbää, Humbää.

Die Geduldsprobe

Geduld ist heutzutage eine außerordentlich wichtige Eigenschaft. Sie wird von jedem Arbeitnehmer verlangt, der schon seit zwanzig Jahren auf eine Gehaltserhöhung hofft. Aber auch, wer sich einen schönen Pavillon gekauft hat oder ein neues Auto und als einzige Finanzierungsmaßnahme seinen wöchentlichen Lottoschein besitzt, braucht Geduld. Ein sehr schönes Beispiel von Geduld vermittelte auch der Herbert einem Teil der Öffentlichkeit. Am Ende hat er diese Geduld aber doch nicht ganz durchgestanden und es hat amtsgerichtlich behandelt werden müssen.

Dieser Herr ist an einem Montag früh beim Kiosk an der Straßenbahnhaltestelle aufgetaucht und hat ein Päckchen Stumpen kaufen wollen. Vor ihm ist noch eine Dame namens Sofie an der Reihe gewesen, die sich von der Zeitungsfrau im Kiosk aber schon verabschiedet hat. „Also, adee dann bis morng fräih", hat sie gesagt, und durch den Herbert ist ein Aufatmen gegangen, weil in zwei Minuten die Straßenbahn gekommen ist.

Es ist ihr aber noch ganz schnell etwas Wichtiges eingefallen. „Bevuuris vergeß", sagte sie, „schdelln'S Ihna vuur, die Frau Broddngeier – wissn'S scho, däi middi roudn gfärbdn Hoor – ba dera is neili a Moo gween. Also der woor hexdns fimbferzwanzg Joor ald. Und däi gäid doch scho aff die Fuchzich. Zwaa Schdund soll der Moo ba dera aldn Schlambn . . ."

„Sie entschuldichn scho amol gschwind", mischte sich der Herbert in die Erzählungen von der Frau Prottengeier ihrem Liebesleben, „i gräicherd nerblous a Bäggla Schdumbn . . ." Immer der Reihe nach, sagte die Sofie in scharfem Ton, jetzt sei sie dran, und wenn sie fertig sei, könne er es mit seinen Stumpen noch einmal probieren. „Raung is suwisuu nedd gsund. Schdelln'S Ihna vuur, vo meiner Nachbari der Bou mid seine värzaa Joor, der Gribbl bleschd anner nach der andern. Also den sei Mudder derfferdi nedd sei!"

Dem Herbert fuhr bereits die zweite Straßenbahn davon. Er bewies aber Geduld und ließ noch drei Straßenbahnen die Haltestelle passieren. Dabei erfuhr er, daß die Schwester von dem vierzehnjährigen Zigarettenraucher in der Dämmerung im Hinterhof undurchsichtige Sachen treibt, daß der Kaffee teurer geworden ist, der Apotheker ein Verhältnis mit einer seiner Angestellten hat und die Atombomben am Wetter schuld sind. „A Bäggla Schdumbn", flehte der Herbert.

„Ja kommer si edzer dou nedd amol a Minuddn underhaldn", keifte die Sofie zurück. Es war beiläufig eine halbe Stunde vergangen und nun fiel die Geduld vom Herbert ab wie die Nadeln vom Christbaum an Heilig-Drei-König. „Wassd wos", schrie er die Kiosk-Frau durchs Fenster an, „Deine Schdumbn, däi konnsder in Oorsch neischäim und oozindn und wäi der ‚Dschälländscher' in Himml fläing!" Die Sofie hat dabei einen Rempler verspürt und das Kioskfenster ist zersplittert.

Die Beleidigung und die Sachbeschädigung kosteten 250 Mark. „Ja des homs derfoo, die Laid", sagte die Sofie, „wenns nedd warddn kenner."

Die Preiserhöhung der Laugenbrezen und ihre Folgen

Die Emma kann ein Lied von der schleichenden Inflation singen. Sie verkauft Laugenbrezen in der Stadt und hat alle Preiserhöhungen in den letzten dreißig Jahren von zehn auf fünfzig Pfennig für die in jeder Beziehung gesalzene Schlurcher-Mahlzeit in den eigenen Ohren miterleben müssen. Meistens hat die Emma auf die bohrenden Fragen der Kundschaft im Hinblick auf die inzwischen fünfhundertprozentige Preiserhöhung geduldig geantwortet, ungefähr in der Richtung, daß alles im Leben seinen Preis hat, folglich auch eine Nürnberger Laugenbreze.

Es ist dann aber eines Tages der Walter vor dem kleinen Holzhäuschen der Emma aufgetaucht, und diese wirtschaftspolitische Auseinandersetzung ist dann ein sehr interessanter Fall für das Amtsgericht geworden. In der Brezen-Branche ist der Herr Walter nämlich kein Unbekannter.

„Den Moo", sagte die Emma, „hobbi scho kennd. Den sin die Breezn ann Dooch zer hard, nou sins nern zer waach. Wenni kanne gsalzner mehr hob, nou willers mid Salz und wenni blous nu anne mid Salz hob, nou mecherda anne ohne Salz. Wos der braucherd, des is a Bägger, der wou maßgschneiderde Breezn machd."

An dem aktenkundigen Tag also sind der Emma ihre Brezen gerade von fünfundvierzig Pfennig auf fünfzig Pfennig heraufgesetzt worden. „No, dou hobbi scho lang draff gwardd", brüllte der Walter wutentbrannt durch das kleine Verkaufsfenster, „a Fuchzgerla fiir a Breezn! Ihr maand gwiis, i hob im Loddo gwunna. A Fuchzgerla fiir suu a Lillibuddaner-Salzschdengla, wous a weng a Luft neibumbd hom! Des sin doch kanne Breezn mehr, des sin Lufdschlanger! Und dou mecherd ihr a Fuchzgerla derfiir verlanga."

Da war es mit der jahrelang geübten Geduld von der Emma gegenüber der Kundschaft vorbei. „Horch amol", hat sie in die andere Richtung durch das Fensterchen geschrien, „du Breezn-Schregg, du graislicher – erschdns amol dousd serfordd die Griffl wech vo meiner Woor, sunsd lasserdi vo der Xundheiz-Bollizei verhafdn! Und zweidns – wennsd maansd, dassd fiir a Fuchzgerla vielleicht nu a Bfund Kawiar aff dei Breezn draffgschmiird gräigsd, nou hosdi daischd."

Daraufhin brüllte der Walter zurück, daß er die Emma zur Rechenschaft und aus ihrem kleinen Holzhäuschen zieht. „Nou hobbi", sagte die Emma, „gschwind mein Riegl vuurgschuum. Und aff aamol driggd der mid seine zwaarahalb Zendner an mei glanns Haisla hii, iich will nu Hilfe schreia und in den Momend hodds scho an Drimmer Schlooch dou und nou hodd mi der Verbrecher zammds mein Haisla umgschmissen g'habd. Des is mer in däi dreißig Joor nunni bassierd, Herr Richder!"

Wegen Sachbeschädigung und Körperverletzung wurde der Walter zu einer Geldstrafe von 2 400 Mark verurteilt. „Amol schauer", sagte ein Zuhörer, „wenn er es Blärrer-Hochhaus umschmeißd. Wall die Schdrasserboo werd doch aa jeeds Joor deiera."

Wie Hans R. in der Halbwelt sein Geld eintreibt

Im Bereich der großen weiten Halbwelt kursieren über das Finanzgebaren der High-Society verschiedene Spruchweisheiten. Zum Beispiel: Lieber eine gedeckte Stute als ein ungedeckter Scheck. Bekannt sind auch die Fragen in bezug auf die Liquidität. „Hast du schon einmal jemand ohne Kopf über den Zaun schauen sehen?" oder, daß man einem nackten Mann nicht in die Tasche langen kann.

Von der letzteren Weisheit ist jetzt ein gewisser Hans R. ausgegangen. Diesem unerschrockenen Handwerker gehört ein kleiner Betrieb für Instandsetzungsarbeiten von Wirtshäusern und er hat mit Erfolg versucht, erst einem nackten Mann in die Tasche zu langen, verschiedenen nackten Damen und noch zwei Oberkellnern. Jetzt ist der heldenhafte Eintreiber vor Gericht gestanden.

Nach langwierigen Reparaturarbeiten im Striptease-Schuppen eines Herrn namens Hugo hatte der Hans eine saubere Rechnung mit zweifachem Durchschlag geschickt in Höhe von zehntausend deutschen Mark. „Nou, hobbi", schilderte der Meister seine Erfahrungen mit der Nürnberger Hochfinanz, „erschd amol a halbs Joohr ibberrhabbs nix g'heerd. Nou hommer a Mahnung gschiggd, nou nu anne und korzz vuur Weihnachdn numol anne."

Der dritte zarte Hinweis auf einen kleinen Zahlungsbefehl hatte Erfolg: In aller Früh entstieg vor der Werkstatt einem schneeweißen Mercedes ein außerordentlich vornehmer Herr, ließ mit gespreizten Fingern auf den Schreibtisch einen Scheck über zehntausend Mark fallen und kündigte dem Hans mit einem zart gehauchten „Oorschluuch, bläids!" die weiteren Geschäftsbeziehungen auf. „Und edzer", sagte der Hans am Gericht, „edzer kummd es allerschennsde – den Windhund sei Schegg, des is wäi a Schdiggla Aboddbabier gween, Herr Richter. Wall dou hosd ganz schäi draff scheißn kenner, waller nemli nedd deggd gween is." Abends erschien dann der Handwerksmeister furchtlos im Hugo seinem Lokal, und zwar mitten während des feuchten Programms.

„Des Werzhaus", schrie der Hans von der Bühne runter neben einer ausgezogenen Stripperin, „des Werzhaus is umzingld! Kanner verlässd in Saal." Und zum Hugo gewandt, der im Eck gerade Champagner schlürfte, brüllte er: „Dir Ganoov werri scho aff die grummer Baaner helfn! Midden weißn Mazedes ummernanderfoorn, naggerde Weiber rumhubfn loun und mir an Schiddlschegg über zehadausnd Marg neidriggn!" Sodann pfändete er im Handstreich Straps, Slip und Büstenhalter von der Stripperin, die zwei Kellner mußten ihre Abendeinnahmen abgeben und der Herr Hugo war binnen weniger Sekunden seinen halbseidenen Anzug sowie die zufällig darin befindlichen zweitausend Mark los.

Zehn Kisten Sekt ließ der Hans in seinem Kombi abtransportieren und dann gestattete er sich noch eine abschließende Beleidigung. „Wenn deine Schegg", plärrte er zum Abschied, „suu deggd wäärn wäi deine Auszäich-Weiber, nou wär ja alles balleddi!"

Das Einzugsverfahren billigte das Gericht halbwegs, aber wegen der Beleidigung wurde der Hans zu einer Geldstrafe von sechshundert Mark verurteilt.

Das Wandern ist des Müllers Lust

Der Ernst ist ein naturnaher Mensch und mit den Sünden der Großstadt nur unvollkommen vertraut. Die Abende verbringt er im Wanderverein oder daheim hinterm Dia-Projektor und in den Nächten träumt der Jungeselle schwer von Schmetterlingen, Schnepfen und Sumpfdotterblumen am Wegesrand.

Einmal ist er aber doch vom Pfad der Tugend abgekommen und es hat jetzt vor Gericht besprochen werden müssen. Mit einem zwielichtigen Kumpel hat er im Frühling das Walberla bestiegen, ist danach noch eingekehrt und hat durch die Macht des Bösen die eine oder andere Maß zuviel erwischt. Vor der Heimreise hat der Ernst beim Wirt noch für fast hundertfünfzig Mark geräucherten Schinken eingekauft und verschiedene eingedoste Wurstwaren. Auf der Rückreise hat er noch eine halbe Flasche fränkisches Kirschwasser probiert und die ganze Zeit gesungen „Im Frühtau zu Berge, wir ziehn, Bfalleraaa!"

Es sind zwischen ihm und seinem Wanderkameraden auch schlüpfrige Dinge erzählt worden. Der Ernst hat auf einmal entdeckt, daß es auf der Welt noch andere Sachen gibt wie nur einen Wanderstab und auf einmal ist er mit seinen Stiefeln, dem prall gefüllten Rucksack, den Filzhut auf halb zwölf gestellt, durch das berühmte Ottostraßen-Viertel getorkelt.

„Dou hodd nou", sagte der Ernst im Zeugenstand, „assu a Frollein zon Fensder rausgschaud mid fasd nix oo und hodd gsachd, is soll a weng reikummer. Und wäi i drinner woor, hodds gsachd, daß mer haid a weng mehra am Kubf haua wäi nerblous an Dreißger. Fiir an Hunderder, hodds gsachd, dou zeichds mer wos, daß i die Weld nemmer kenn."

Der Ernst kratzte aber nur achtundvierzig Mark zusammen, eine Dauerkarte von der Verkehrsaktiengesellschaft und einen Zwanzig-Schilling-Schein von der Herbstwanderung im Zillertal. Die Helga wollte aber für ihr in Aussicht gestelltes Weltwunder am Sofa mindestens noch fünfzig Mark mehr. „Des hommer glei", lallte der Ernst und öffnete seinen Rucksack. „Als erschdes gräigsd amol däi zwaa graicherdn Schinkn. Suu an finsd in ganz Närnberch nedd. Nou kenndi der nu drei Doosn Bressag geem und vielleichd nu des Broudworschdg'hägg. Und den Laib Bauernbrood, obber nou is a Rouh."

Nach diesem Angebot sang der Ernst in aller Ruhe „Der Mai ist gekommen" und zog sich dabei aus. Es kam aber nicht zu der Weltnummer. „Ich glaab du schbinnsd a weng", schrie die Helga, „zäich dei Huusn widder naaf und bagg dei Graffl zamm. An Bressag und a Bauerngraicherds! Ja suwos hobbi aa nunni erlebbd. Vielleicht mechersd mer dein Worschdschnerbfl aa nu einwiggln und douloun! Schau blous, dassdi schleigsd!"

Der Ernst flog also hochkantig hinaus. Daheim stellte er dann den Verlust von achtundvierzig Mark fest, zwanzig Schilling, einer Dauerkarte von der Verkehrsaktiengesellschaft, zwei geräucherten Schinken, drei Dosen Preßsack und einem Laib Bauernbrot.

Bei einer Haussuchung fand man bei der Helga nur noch einen Teil von dem Geräucherten. Sie wurde wegen Diebstahls zu einer Geldstrafe von zweitausend Mark verurteilt. „Das Wandern is des Müllers Lust", sagte der Ernst philosophisch nach dem Prozeß, „und des is aa vill billicher."

Lieber
die erste Geige spielen
als auf dem letzten
Loch pfeifen!

Die HYPO-Idee zum Thema Dispositionskredit.

Geld braucht man immer, und mit dem HYPO-Dispositionskredit haben Sie es, wenn Sie es brauchen. Denn einmal vereinbart, steht er Ihnen ohne Rückfragen zur Verfügung – Sie können ihn jederzeit für bare Münze nehmen.

<u>Wir lassen uns etwas für Sie einfallen.</u>

Bayerische Hypotheken- und Wechsel-Bank
Aktiengesellschaft

Die HYPO.
Eine Bank – ein Wort.

Das Grüne
in der Stadt

Es steigen die Säfte, die Lerchen in die Lüfte und dem Gerch sein Hosenbarometer. Mit einem Wort, es ist Frühling, und wir können ihn gemäß einer im Rathaus verfaßten Broschüre mitten in der Stadt erleben. Was sich nämlich vielleicht noch nicht vollkommen rumgesprochen hat: Diese Stadt Nürnberg ist nicht nur des Deutschen Reiches Schatzkästlein, sondern auch sein Komposthaufen. „In der Gegenwart", heißt es in dieser Broschüre, „grünt und blüht Nürnberg mehr denn je." Die Wintermonate selbstverständlich ausgenommen.

Aber sonst grünt es hier, daß alles zu spät ist und man bei längerem Hinschauen auf dieses Grün eventuell am grünen Star erkrankt. Genauso, wie man bekanntlich blind wird, wenn man durchs Schlüsselloch schaut und das Christkind belauscht.

Wir beobachten also das wohltuende Grün an der Lorenzkirche, am Sinwellturm und am Dach vom Opernhaus. Und zwar in Form von Grünspan.

Noch üppiger und verschwenderischer soll es aber in den sogenannten Volksparkanlagen grünen und blühen. Diese Anlagen haben ihre Bezeichnung Volkspark daher, weil man dort abends sehr gut seinen Volkswagen parken kann. Aber auch sonst steht man dort mit der Natur auf du und du. Man sitzt zum Beispiel auf einer Bank, hinter dir speit ein Wirtshausheimkehrer in Form eines Springbrunnens und ein gewisser Geruch aus der anderen Richtung läßt darauf schließen, daß im nahen Buschwerk gerade biologisch-dynamisch gedüngt wird.

Vor uns genießen wir in der herniedersinkenden Dämmerung und ihren Stickoxiden die Natur in Form von betonierten

Pflanztrögen. Darin gedeihen Bierbüchsen, Joghurtbecher, Plastikbeutel und Zigarettenschachteln. Pflanzen also, die wir vor dreißig, vierzig Jahren überhaupt noch nicht kannten und die sich jetzt in einer Pracht über uns entfalten, daß man mit Recht vom Füllhorn des Frühlings sprechen kann. Am unterdrückten Stöhnen in der Hecke kann man erkennen, daß dort wahrscheinlich auch gerade ein Füllhorn eingesetzt wird. Die Natur verlangt ihr Recht.

Ein Passant schmeißt uns lächelnd ein leergerauchtes Päcklein „Salem Nummer 6" zu oder ist es eine Packung „Eckstein"? Jedenfalls wieder dieses Grün, von dem in der städtischen Broschüre soviel berichtet wird. Der Herr Nachbar von vorhin aus dem Wirtshaus ist fertig mit seiner Verrichtung – auch er über und über grün im Gesicht. ,

Dann kommt ein Herr mit einem deutschen Schäferhund des Wegs. Wie wir dem Gebrüll des Herrn entnehmen, heißt der Hund „Rambo". Mit gekrümmten Buckel und unter ständigem Spähen nach allen Seiten setzt dieser Rambo sein Häuflein in die Anlage, von dem man schon allein wegen der imposanten Größe kaum sagen kann, daß es ein Häuflein Elend ist. Und es türmen sich vor uns wieder zwanzig Kubikzentimeter Natur auf.

Da und dort erhebt sich gegen die untergehende Sonne ein graues Hälmlein Gras aus dem fränkischen Sand und wir sehen daraus, daß vor vielen, vielen Jahren hier einmal eine Wiese gewesen sein muß. Wir wissen es aus alten Botanik-Büchern.

Schon steht der Mond über dem nahen Schulhaus, und wie auf ein verabredetes Zeichen beginnt vollkommen natürlich ein Summen, Zischen, Rascheln und Stampfen. Geheimnisvoll tönt es aus allen Himmelsrichtungen. Es dreht sich dabei um verschiedene tragbare Stereo-Radios, die sich in den Volksparkanlagen zu voller Lautstärke entwickeln können. Wie erstarrt stehen wir vor diesem Naturschauspiel.

Kurz darauf huschen zwei Glühwürmchen durch den Park, kommen immer näher, werden größer und entpuppen sich als Scheinwerfer eines Autos. Majestätisch entsteigen dem Auto zwei Polizisten. Auch sie erscheinen in diesem Grün, mit dem in unserer Stadt soviel Verschwendung getrieben wird.

Der Summer
is kummer

Wenn die Schweißberln iiber die Noosn
grabbln
Und die Muggn im Schbinnernedz zabbln
Und die Diddla vo die Weiber schwabbln
Und die Hummln brummer
Nou is Summer

Wenn der
Spargel schießt

Niemand weiß, wie seinerzeit der Helmut Kohl wirklich an die Schalthebel der Magd beziehungsweise der Macht gekommen ist. Im Fall vom Herbert, der sensationell neuer Vorstand von einer Schrebergartenkolonie geworden ist, sind die Hintergründe seiner Machtergreifung überliefert.

Es ist öffentlich vor Gericht verhandelt worden, weil sein Amtsvorgänger Karl es schonungslos aufgedeckt hat. Angeklagt war die Isolde, die Ehefrau vom Herbert.

Diese sittlich sehr hochstehende Dame hatte zufällig zwei Wochen vor der Vorstandswahl dem amtierenden Schrebergarten-Präsidenten auch eine schonungslose Aufdeckung vorgeworfen. Unter dem Vorwand, daß sie noch ein paar Tüten Rettichsamen übrig hat, ist sie bei verschiedenen Kleingartenbesitzern erschienen und hat unter dem Siegel der

Verschwiegenheit erzählt, daß der Vorstand eine Sau ist. „Schdelln S' Ihna amol den Hammer vuur", sagte der Karl vor Gericht, „däi alde Draadschn rennd vo Garddndiirla zu Garddndiirla und derzilld an jeedn, daß iich annern Samsdoochnammidooch naggerd in mein Liicheschduhl drinnergleeng bin und unsiddliche Handlunga an mein Dings – an mei, i wass edzer aa nedd, wäi i soong soll..." „An dein Schbargl!" ertönte es anonym aus den Zuhörerreihen. Der Herr Amtsgerichtsrat schrie zurück, daß es sich hier nicht um das Gostenhofer Bauerntheater handelt und der Souffleur die Goschn halten soll. Anschließend fragte er die Isolde, warum sie so genau gesehen hat, daß dem Karl sein Spargel schießt. „Des hobbi bis ins glennsde Dedail gseeng", sagte sie, „wall i an den Dooch es Dach vo unsern Haisla rebbarierd hob." „Ja dou schau her", mischte sich der Karl sofort ein, „am Dach is droomer gschdandn, die Frau Nachbari! Und woorscheins hodds nu a Fernrohr aafgschdelld g'habd, dassera nix endgäid. Nou werri es nexdmol dermiid rechna mäin, daß ba uns derhamm in die Beddn im Gräbala drinnerlichd und aafbassd, ob iich ewendwell a weng zu meiner Aldn niibergrabbl!"

Es ist dann ermittelt worden, daß der Karl zwar unbekleidet in seinem Liegestuhl die Sonnenstrahlen auf sich und seinen Spargel einwirken hat lassen, aber von unsittlichen Handlungen hat keine Rede sein können. „Normool", sagte der Karl, „sichd miich dou aff meiner glann Feranda kanner, wall dou schdenger drei Hollerbisch derfuur. Obber wennsd nerdirli glei affs Dach grabblsd und dein Hals rausfährsd wäi a Giraffn, nou konn i aa nix derfiir."

Die Verleumdung ist also vollkommen aufgedeckt worden, und die Isolde muß 1 400 Mark Geldstrafe zahlen. Für die Vorstandswahl ist es aber zu spät gewesen, weil der Karl wegen seiner kolportierten Spargelausstellung nur zwei Stimmen erhalten hat. Neuer Vorstand ist der Mann von der Isolde geworden. „Dou werd in zwaa Wochn numol gwääld", ertönte die Stimme aus dem Zuhörerraum wieder, „wall a gscheider Vuurschdand, der derf in sein Garddn aa amol a weng wos vuurschdäi loun."

Hochdeutsch ist eine schöne Sprache

Der Eugen ist ein Oberkellner wie frisch von der Schönheitsfarm. Auch vor niederem Publikum wie Biertrinkern, Schafkopfkartlern oder Zechprellern pflegt der Gerichtheber aller Klassen im schwarzen Smoking, blütenweißen Hemd, Fliege und Lackschuhe zu servieren. Seinen angeborenen Nürnberger Dialekt spricht er nur noch gebrochen und streut in diesen gern hochdeutsche Redewendungen ein, wie zum Beispiel: „Ten Lentenpraaden kennen mir haide sehr embfehlen, piddesehr!"

Dieser Herr Eugen schreitet also mit Würde und einem imaginären Kleiderständer im Rückgrat durch sein ganz normales Wirtshaus und hat in Gestalt des Altmetallsammlers Franz einen Todfeind. Den Franz stört die feine englische Art schon lange, und er deprimiert den Eugen immer durch sehr eigenwillige Anreden. „Horch, du Laggaff", schreit er zum Beispiel durch den ganzen Saal, „laß mer in mein Griichla numol wos neilaafn! Obber a weng schneller wäi normool. Sunsd mousi am Abodd widder lauder Lufd brunsn." Zwischen dem Franz und dem Eugen besteht also eine sehr herzliche Feindschaft.

Der Eugen hat sich dann an einem Abend auch einmal gerächt für die freundlichen Worte seines Kontrahenten am Stammtisch und hat ihm auf die Bestellung Stadtwurst mit Musik eine normale Stadtwurst serviert mit einem kleinen Transistorradio, wo gerade die Schlager der Woche gelaufen sind.

Die weitere Eskalation der Auseinandersetzung ist am Gericht behandelt worden. „Tieser Tolti", sagte der Eugen als Zeuge, „hodd miich brofferziert, Herr Kerichtstirektor. Däi Wilzau, däi dreggerde." Und zwar hatte der Altmetallhändler Franz in seinem Lager eine antiquarische Spritzpistole entdeckt, diese mit schwarzer Tusche gefüllt und war an diesem Abend also schwer bewaffnet hinter seinem Bier gesessen.

Der Eugen ist ungefähr zehnmal am Stammtisch vorbeigewieselt, und danach war sein blütenweißes Hemd ein Trauerfall. Es ist von schwarzen Flecken übersät gewesen. Der Franz hat noch einmal nachgeladen, und in dem Moment, wo der Eugen würdevoll mit vier Teller Wiener Schnitzel, zwei Suppen und einer sauren Weinschorle vorbeigeschritten ist, hat er auf das Gesicht gezielt.

Danach war im Wirtshaus ein kleines Chaos. Ein Gast hat am Kopf zwei Schnitzel gehabt und die Tagessuppe, dem Eugen hat es ebenfalls die Hand verbrannt und im Gesicht war er schwarz wie der Franz Josef Strauß im Herzen.

„Asuu", sagte der Eugen, „asuu gäit es obber wergli nicht. Wo kommen mir tenn tou hin, Herr Tireggter, wenn jeter in Werzhaus ummernannerschbridzn tut." Wegen Sachbeschädigung und Körperverletzung wurde der Heckenschütze zu einer Geldstrafe von 750 Mark verurteilt.

„Wos?" brüllte der Eugen, „nerblous siemhunderdfuchzg Marg! Tas ist vill zer weng fiir tiese Treegsau!"

Wenn der Reißverschluß klemmt

Auf niederer Ebene geht die Liebe durch den Magen, hin und wieder auch durch die Hose und im Emil seinem Fall ist es überhaupt nicht gegangen. Es hat aber mit der oft auftretenden Diskrepanz zwischen Wollen und Können überhaupt nichts zu tun gehabt, auch verklemmt ist der Emil nicht mehr als andere Männer in der Mitte des Lebens. Was man von seinem Reißverschluß in der Mitte der Hose aber nicht sagen hat können. Diese hermetische Verriegelung vom Otto seinem Türsteher ist jetzt Gegenstand einer gerichtlichen Auseinandersetzung gewesen.

Auf Grund eines bestimmten Kribbelns in der unteren Magengegend hatte sich der Emil im vergangenen Dezember ein Herz sowie hundert Mark von der Weihnachts-Grati genommen und hat sich dafür bei einer Dame namens Marga einen schon längst überfälligen Abschmierdienst machen lassen wollen. Es ist aber mehr ein Ausschmierdienst geworden. Erst hat es dreißig Mark kosten sollen, dann fünfzig und mit verschiedenen Zusatzleistungen ist dann bei hundert Mark Honorar eine Einigung erzielt worden.

„Ich zool mein Hunderder", sagte der Emil jetzt am Gericht, „und will mei Huusn rooudou und aff aamol gäid der bläide Reißverschluß nedd aaf. Je mehra dassi zuung hob, desdo ärcher hodder si verworschdld." „Ja, ja", sagte der Richter, „simmer hald a bissla nerwöös gween, gell?" „Wos hassd nerwöös", gifted der Emil, „haas binni gween wäi a Güger aff der Misdn! Wall des Frollein hodd nou an mein Huuserdiirla ummernannerdou wäi nedd gscheid. I hob scho ganz digge Ohrläbbla g'habd, wenn'S wissen, wossi maan, obber der bläide Reißverschluß is ums Verreggn nedd aafganger."

Die Marga hatte an der verklemmten Hosentür ein paarmal mit aller Kraft gerüttelt, daß der Emil jedesmal durchs halbe Zimmer geflogen ist, und dann hat sie aufgegeben. „Edzer gibds nerblous zwaa Möglichkeidn", hat sie gesagt, „entweder mir schneidn die Huusn midder Scheer aaf odder du maggsder a boor warme Gedankn und gäisd widder hamm."

Im Fall, daß der Emil einen Röntgenapparat gehabt hätte, wäre es vielleicht auch gegangen, aber so weit ist die Wissenschaft leider noch nicht. „Aff jeeden Fall", beendete der Emil seine Aussage, „hodd mi däi Alde nachera Värddlschund widder zur Diir nausgschuum. Und mein Hunderder hodds aa wechbfiffn g'habd. Des is doch eine Unverschämdheit, Herr Richder – zwaa Minuddn am Reißverschluß oozäing fiir hunderd Marg!"

Die Verschlußsache gegen die Marga wegen Beischlafdiebstahls wurde eingestellt, aber die hundert Mark müssen zurückerstattet werden. „Obber es Allerschennsde", sagte der Emil noch, „es Allerschennsde kummd ja nu. Zeha Minuddn schbeeder hobbi binkln mäin – und dou is der Scheiß-Reißverschluß aaf aamol aafganger! Und dou wäars nedd su schlimm gween, wenner glemmd hädd. Wall des häddi in die Huusn aa loun kenner, noodfalls."

74

Der Klugscheißer

Der Walter hat daheim am häuslichen Herd ungefähr soviel zu sagen wie ein Goldfisch beim Schweigemarsch durchs Aquarium. Die Unterdrückung gleicht er aber meistens zweimal in der Woche in seinem Wirtshaus aus.

Dort gilt er als der personifizierte Brockhaus, weil er auf allen Gebieten von der Politik über die Philosophie bis zu den Naturwissenschaften einfach alles weiß. Außer Brockhaus wird er beim Wirt, dem Rudolf, auch unter der Bezeichnung Klugscheißer geführt.

In dieser Eigenschaft ist er schon mehrfach haarscharf an einem Lokalverbot vorbeigeschrammt. An dem Freitagabend, der jetzt vor dem Amtsgericht behandelt werden hat müssen, war es wieder einmal fast soweit. Der Walter hat seinen staunenden Zuhörern diesmal einen lehrreichen Vortrag über verschiedene Fleischsorten gehalten im allgemeinen und über den Rudolf seine Steaks, Schnitzel und Schweinebraten im besonderen. „Ner goud", sagte der Walter unter anderem, „daß dei Fleisch gscheid kochd werd – sunsd deed des affn Deller ja nu belln!"

Der Verdacht, daß seine Steaks aus Hundefleisch gemacht würden, brachte den Wirt dann auf eine Idee. „Du Doldi", befand der Rudolf vollkommen ruhig, „konnsd ja nedd amol an Bfannerkoung vonnern Gulasch unterscheidn." Und dann stellte er dem Walter ein Gratis-Abendessen in Aussicht: Er sollte dem Rudolf sein Gulasch testen und die Fleischsorte herausfinden.

Zwanzig Minuten später stand vor dem Fleisch-Tester das dampfende Menü und er verschlang es hastig bis zum letzten Knorpel. „Ganz gloor", sagte er danach, „des woorn frische Schouh-Sulln." „Falsch", sagte der Rudolf. „Also goud", tippte der Walter weiter, „nou woors a Rimbfleisch mid zwaa Gnoblauchzeha drinner, a weng an Basilikum, Zwiebln und a bissla an Schbegg." „Falsch", sagte der Rudolf. „Nerja, nou woors hald a Schweinefleisch." „Falsch!" „Vielleichd woors nou a Gänsla odder a Endn", wurde der Walter schon wesentlich unsicherer. „Falsch", sagte der Rudolf. „Odder is vom Kalb gween?" „Falsch!"

Dem Alleswisser stand bereits der Schweiß auf der Stirn und er wurde zum erstenmal in seinem Leben von einer tiefen Unsicherheit befallen. Von dieser befreite ihn dann der Wirt: Er stellte eine leere Dose Hundefutter auf den Stammtisch und klärte den Walter auf, daß er soeben ein Pfund Schappi mit dem größten Wohlbehagen in sich hineingestopft habe. Danach mußte der Walter sofort auf die Toilette.

Der Rudolf wurde aber von dem Vorwurf des Vergehens gegen das Lebensmittelgesetz freigesprochen. Es ist nämlich doch ein ganz normales Gulasch gewesen und kein Schappi, und der Walter hat sich völlig umsonst am Klo übergeben.

Nach dem Freispruch gab der Rudolf dem Test-Esser noch einen Sinnspruch mit auf den Weg: „Wissn is Machd, Nix-wissen machd aa nix – und des Gulasch machd zwölf Marg achzich. Wennsders vielleichd bassend häsd!"

Ohne Hose soll man fremde Häuser nicht betreten

Ähnlich wie der 1. FC Nürnberg inszeniert der Erich alle paar Wochen einen kleinen Einbruch. Im Gegensatz zum Club lebt aber der hauptamtliche Bruch-Rechner ganz gut davon und kann sich über Wasser halten. Allerdings verlaufen nicht alle Geschäfte vom Erich zur vollsten Zufriedenheit, weil hin und wieder kleine Widrigkeiten dazwischenkommen. Beim letztenmal zum Beispiel ist der Erich höchstpersönlich dazwischengekommen, und jetzt hat die ungewöhnliche Vereitelung eines Einbruchdiebstahls vor Gericht verhandelt werden müssen.

Gemäß einer völlig neutralen Zeugenaussage ist der Herr Erich mit einem unbekannten Dunkelmann in einer mondlosen Nacht vor einem kleinen Einfamilienhaus in der Gartenstadt gestanden und hat vorsichtig die Reinheit der Luft überprüft. Allerdings nicht im Sinn des Umweltschutzgesetzes beziehungsweise überhaupt keines Gesetzes. „Und nou", erinnerte sich der Zeuge, der vom Nachbarhaus aus einen guten Überblick hatte, „nou is der anne Moo aff die Schuldern vom andern wäi a Aff naafgrabbld und hodd si ins Abboddfensderla neizwängd."

Das besprochene Abortfenster hatte allerdings einen Haken respektive zwei Eisenstäbe zur Sicherung gegen Einbrecher, zwischen denen der Erich praktisch auf halbem Weg plötzlich steckenblieb. „Der Moo, wou nu drausn gschdandn is", sagte der Zeuge, „hodd nou erschd a weng nouchgschuum, und wäi des nix gnidzd hodd, hoddern an die Fäiß und an der Huusn widder zriggzäing wolln."

Ähnlich wie das Schieben hatte aber auch das Ziehen fast keinen Erfolg. Mit dem Kopf im Clo, brüllte der Erich wie ein Stier, und draußen zog der Herr Komplize in völliger Panik an den Hosenbeinen. „Des woor der eine Gaudi", sagte der Zeuge, „wall aff aamol hodd der den sei Huusn roozuung g'habd, und der is naggerd bis zon Oorsch naaf ausn Abboddfensder nausg'hängd."

Der Herr, der dem Erich die Hose aus Versehen runtergerissen hatte, enteilte sofort in der Finsternis, weil die vom Nachbarn alarmierte Polizei aufgetaucht ist.

Selbstverständlich bestritt der Erich jetzt bei der Verhandlung energisch, daß es sich dabei um den Versuch eines Einbruchs gehandelt habe, und auch von einem Komplizen wußte er kein Sterbenswörtchen. Tatsache war also lediglich, daß der Erich nachts um halb eins in schamverletzender Weise halbnackt aus dem vergitterten Clofenster eines Hauses in der Südstadt hing und weder vor, noch zurück konnte. „Des werd mer doch nu derfn!" sagte der Erich zum Herrn Amtsgerichtsrat. Das Urteil lautete aber auf Nicht-Dürfen sowie sechs Monate Freiheitsstrafe.

Auf die Frage des Vorsitzenden, was der Erich ohne Hose in dem Clofenster gesucht habe, antwortete der Herr in der Zwickmühle: „Asu a bläde Frooch – am Abbodd hobbi gmäisd!"

Modernes Leben:

Wir basteln uns ein Küchenbüffet

Zu den schönsten Dingen im menschlichen Leben gehört bekanntlich der Fortschritt. Ihm haben wir unter anderem die Entdeckung der ungeschlechtlichen Zellteilung beim Pantoffeltierchen zu verdanken, die Atombombe, den Reißverschluß, verschiedene Moleküle und Molewärme sowie das flaschenpfandfreie Bier in hohen Dosen.

Auch im Dienstleistungsgewerbe hat sich seit einiger Zeit der Fortschritt stark bemerkbar gemacht. Er äußert sich dort so, daß man seine Dienste weitgehend selber leisten muß. Ein gutes Beispiel dafür ist der Einkauf von Möbeln.

Was im Katalog und im Schaufenster oft wie ein Küchenbüffet, eine Schrankwand oder eine Bettstatt ausschaut, entpuppt sich heutzutage nämlich nach dem Kauf als ein flaches Paket, ein Plastiksack voll vielfältiger Schrauben und eine sogenannte Gebrauchsanweisung. In dieser Gebrauchsanweisung steht, daß sich der unscheinbare Haufen Bretter daheim, ähnlich wie die japanischen Papierblumen im Wasser, zu vollkommener Schönheit beziehungsweise zu einem Küchenbüffet entfalten. Und der jeweilige Verkäufer bestätigt dieses Wunder durch die Worte: „Des hom'S doch in fimbf Minuddn aafbaud!"

Die Erfahrung mit den Möbeln der dritten Dimension lehrt allerdings andere Werte. Wir packen also daheim unser gerade erstandenes Küchenbüffet aus, teilen der Frau Gemahlin mit, daß sie schon das Geschirr zum Einräumen bereithalten soll und stellen dann fest, daß uns der Herr im Auslieferungslager aus Versehen ein Kinderzimmer mit Stockbetten in Mahagoni auf den Rücksitz vom Auto gewuchtet hat. Nach zwei Tagen ist der Achsbruch am Auto bereits repariert, die Stoßdämpfer sind ausgetauscht, und wir können erneut einen Versuch wagen, untertänigst um dieses Küchenbüffet zu bitten.

Mit zehn bis fünfzehn guten Freunden schleppen wir dieses im Rohbau befindliche Möbel wieder in den vierten Stock und vertiefen uns etwa für die Dauer einer knappen Woche in die Gebrauchsanweisung. Der Rest ist dann nur noch ein Kinderspiel. Man fügt ein Brett an das andere, bohrt, wo notwendig, Löcher, schraubt mit einem sogenannten Imbus-Schlüssel – nicht zu verwechseln mit dem Schielein seinem Omnibus-Schlüssel – die Halterungen ein, zerschlägt zwei Glasscheiben, stellt fest, daß die gebohrten Löcher keinesfalls gebohrt hätten werden sollen, tritt aus Versehen auf eine Leiste, die dann selbstverständlich zerbricht. Schon nach den ersten Stunden entstehen auf diese Weise wundersame Gebilde wie etwa eine Art schiefer Turm von Pisa oder eine moderne Skulptur, die uns an den Kubismus erinnert. An ein Küchenbüffet erinnert sie uns zu diesem frühen Zeitpunkt jedoch noch nicht.

Im weiteren Verlauf der Facharbeit liegt man weit nach Mitternacht mit dem Hammer in der einen Hand, in der anderen die Beißzange, und zwischen den Zähnen den Schraubenzieher wie der berühmte Stierkämpfer „El Caputto" am Boden und montiert Türchen und Schubladen. Beim Versuch, diese aus Testgründen zu öffnen, bricht das ganze Gebilde erneut zusammen. Von einigen schlecht gezielten Hammerschlägen sind verschiedene Finger flach wie Schwabacher Blattgold, von den Daumen tropft Blut, und der Imbus-Schlüssel ist spurlos verschwunden. Ähnlich wie die Frau Gemahlin, die sich nach einigen Fachausdrücken aus dem Tierreich mit den Worten „Maansd gwiis, i hob den Diirgriff gfressn?!!" zu ihrem Rechtsanwalt abmeldet.

Das Eigenbaumöbel von der Firma „Fix & Fertig" bietet nach wie vor einen mitleiderregenden Anblick. Im Fall des Einsatzes von Sägen schauen manche Hobby-Möbelschreiner nach stundenlanger Aufbauarbeit auch dem berühmten Wagenlenker von Delphi sehr ähnlich. Nicht wegen der Ebenmäßigkeit des Antlitzes, sondern wegen der fehlenden Hände.

Gern gesehen sind bei solchen Arbeiten auch Freunde, Bekannte und Verwandte, die gute Ratschläge geben.

Der Südschdadd-Gerch

I bfeif affs Närmbercher Gwerch
I bin der Südschdadd-Gerch

Des bläide Burchberch-Värddl
Mid sein Durisdn-Gschwärddl
Der Dürer, der Führer
Der Schdoos und der Hoos
Mir gäid däi
Budznscheim-
Broudworschd-
Breezn-
Kubfschdaabflasder
Lebkoung-Bubbnschdumm
aff die Eier
I kennd in Schäiner Brunner schbeier
I hubf nu vo der Lorenzkerch

I bin der Südschdadd-Gerch
Mir gäids am Oorsch des Gwerch

Das verschwundene Polizeiauto

Der Werner arbeitet seit über zwanzig Jahren schon am Bau, wo er an bestimmten Feiertagen wie Richtfest, Zahltag oder Freitagnachmittag nicht nur den Kalk, sondern auch seinen Durst sehr sorgfältig löscht.

Vorm Heimfahren hat der Herr Polier nach solchen Löschübungen aber keine Angst, weil er am Land wohnt und die Polizisten dort Gott sei Dank sehr dünn gesät sind. Ist dennoch einmal eine Strafverfolgung wegen Trunkenheit am Steuer anhängig, wird sie oft im prozessualen Vorfeld an bestimmten Wirtshaustischen im Keim, respektive im Freibier erstickt.

In punkto Schlangenlinientreue ist der Werner jetzt allerdings auf die Nase gefallen, und er hat zu seinem großen Erstaunen nicht im Wirtshaus, sondern am Amtsgericht erscheinen müssen.

Vorausgegangen war ein sehr schönes Richtfest im Nachbardorf, wo der Werner sich bis in die tiefe Nacht hinein um den Zapfhahn gekümmert hat, wie um seinen Nächsten, und danach wie selbstverständlich mit dem firmeneigenen VW-Bus kurvenreich heimwärts gefahren ist.

Mitten auf der schwierigen Strecke ist plötzlich eine Polizei-streife gestanden, ebenfalls mit einem VW-Bus ausgerüstet, und hat eine kleine Karambolage zwischen einem Traktor und einem Lastkraftwagen aufnehmen müssen.

„Ich hob nerdirli", sagte der Werner, „glei g'haldn und hob gschaud, wos bassiert ist. Obber es woor nix gscheids, wall kanner doud woor und nedd amol bloud homs richdi. Nou hobbi mi hald widder in mei Audo g'hoggd und bi goor hammgfoorn."

Nach zwei Stunden wurde der Werner, im Tiefschlaf bereits, alarmmäßig geweckt: Vor der Haustür stand die Polizei. „Machn'S amol", brüllte der Streifenführer, „machn'S amol serfordd Ihr Garaasch auf!"

In seiner Eigenschaft als Schlafwandler öffnete der Werner also die Garage und traute seinen sehr kleinen Augen nicht. „Ich hob gmaand", sagte er jetzt, „mich driffd der Schlooch! Schdäid dou in meiner Garaasch a Bollizei-Audo! Gräi un weiß oogschdrichn, oomer draff es Blaulichd und aff jeder Seidn is grouß und breid ‚Bollizei' dorddn gschdandn. Und des Blaulichd hodd sugoor nu brennd!"

Der Werner deutete die seltsame Erscheinung als Alptraum, die Polizei aber als eine bodenlose Frechheit. Es stellte sich nämlich heraus, daß der Werner dank seiner alkoholischen Abwesenheit nach der Besichtigung des Unfallortes statt in den eigenen VW-Bus in den der Polizei eingestiegen und in aller Seelenruhe heimgefahren war.

In dieser Nacht sind noch weit über zwei Promille Restalko-hol festgestellt worden und es wurden acht Monate mit Bewährung und ein halbes Jahr Führerscheinentzug draus.

„Schood derfiir", sagte der Werner, „daß däi nedd ihrn Wasserwerfer derbei g'habd hom. Dou häddi am andern Dooch ganz schäi mein Garddn gießen kenner."

Der Erzherzog-
Johann-Odler

Die Maßnahmen, wo man als Arbeitnehmer nach einem größeren Lottogewinn den Schreibtisch seines feinen Herrn Chef aus Versehen mit der Kloschüssel verwechselt, waren dem Walter geläufig, aber vermutlich schon zu abgegriffen. Deswegen hat der anläßlich eines sehr undurchsichtigen Konkurses plötzlich auf die Straße versetzte Sachbearbeiter zu einem völlig neuen Mittel des mehr oder weniger stillen Protestes gegen die Arbeitgeber-Willkür gegriffen.

Das Mittel war so ungewöhnlich, daß sich der einstige Chef vom Walter – ein Dunkelmann namens Alfred – trotz seiner lichtscheuen Geschäfte im berühmten Import- und Export-Wesen mit einer gerichtlichen Beschwerde an die Öffentlichkeit gewagt hat.

Nach dem Konkurs hatte der Alfred wie durch ein kaufmännisches Wunder wieder eine sehr schöne Firma auf den

Namen seiner Frau eröffnet, wo ihn der Walter besucht hatte und ziemlich schnell wieder an die frische Luft expediert wurde. „Dou derbei", sagte der Walter jetzt vor Gericht, „hobbi gseeng, daß der Scheff asuu neimodische Delefonanlooch hodd, wou mer aa aff Laudschbrecher schdelln koo. Und des hobbi mer gmergd."

Ein paar Tage später läutete die vornehme Telefonanlage des Alfred. Ausgerechnet zu einem Zeitpunkt, wo drei neue Geschäftspartner aus der Branche zu einer kleinen Konferenz um den Mahagoni-Tisch im Chef-Büro saßen und zum zweiten Frühstück Champagner nahmen. „In den Momend", erinnerte sich der Herr Alfred, „schelld es Dellefon und der mid sein Gschmarri weecher seiner Endlassung is droo. I hob mer dengd, schdellsd aff Laudschbrecher, nou hommer alle vier wos zon Lachn."

Was dann aber über Lautsprecher kam, war zumindest für den äußerlich sehr vornehmen Chef nicht zum Lachen. „Der fängd aff amol es Rumschreier oo, daß iich ein gefährlicher Gewohnheizverbrecher bin und eine Dreegsau und nou sachder middndrin ‚an Momend amol, Herr Scheff‘, nou woors a weng ruich und nou gnadderd des durchn Dellefon, Herr Richder, wenn's wissn wossi maan." Der Herr Richter wußte es nicht gleich und bat um eine nähere Erläuterung. „Ner ja", sagte der Alfred, „der hodd an zäing loun – und zwoor suu ordinär Herr Richder, dassd gmaand hosd, der machd in die Huusn derbei. Meine drei Geschäfdsbardner sin ganz weiß worn im Gsichd und nou sins ganger. Und iich woor suu durchernander, dassi die Fensder zum Lüfdn aafgmacht hob – bis mer eigfalln is, daß ja der Kanonerschlooch durchs Dellefon kummer ist!"

Der Walter wurde vom Vorwurf der Beleidigung freigesprochen, weil nicht nachgewiesen werden konnte, ob das unanständige Trompeten-Solo aus dem Hintern oder nur imitiert aus dem Mund gestammt hat. „Die ann", sagte der Walter danach, „blousn ihrn Scheff in Erzherzog-Johann-Jodler und die andern schdadds an Jodler mehr an Odler."

Wie der Hugo
als Elefant groß
rausgekommen ist

Es ist soziologisch erwiesen, daß jede gesellschaftliche
Gruppierung von drei Mann aufwärts einen Chef braucht,
einen, der die Gruppe an sich bindet, und einen Pausen-
august, der für den ständigen Unterhaltungsfluß sorgt.

Der Herr Hugo, dem dieser letztere Part bei seinem Stammtisch auf geheimnisvolle Weise einmal zugeteilt wurde, muß
aber mehr als ein verzweifelter Versuch in der Show-Busi-
ness-Branche eingestuft werden.

Wenn nämlich der Hugo im Wirtshaus bedeutungsvoll
anhebt, „kennder däi Geschichd scho vo den Moo, wou
middn Audo – hald naa, wou däi Frau, odder woors nedd
doch a Moo", dann erreicht die Aufmerksamkeit am Stammtisch praktisch ihren Siedepunkt.

Zwei Mann gehen sofort auf die Toilette, um die meist sehr
tragischen und ohne jegliche Pointe endenden Witze nicht
mitzuerleben; zwei schauen angestrengt in ihr Bierglas, wie
wenn dort gleich der weiße Hai auftaucht; und der eine oder
andere steht auf und geht ganz einfach wortlos heim.

Einmal ist der Hugo aber doch groß rausgekommen, weil von seinem letzten Witz – eine Pantomime mehr aus dem Tierreich – sogar eine Wiederholung verlangt worden ist. Und zwar am Amtsgericht.

Auf die Premiere im Wirtshaus hatte er sich damals mit sieben bis acht Seidlein Bier vorbereitet, war leicht verspätet und schwankend an der Theke erschienen und hat die Frau Wirtin angebrüllt, ob in ihrer Kneipe vielleicht schon einmal ein Elefant war. „Hogg-di hii", hat die Wirtin gesagt, „und hald dei Waffl!"

Der Hugo hat sich aber nicht beeindrucken lassen, ist auf den Tisch gekrabbelt und hat von dort oben noch einmal durchs ganze Lokal fragend geplärrt, ob hier schon einmal ein Elefant zu Gast war. Und wenn nicht, dann ist er der erste Elefant. „Und nou hodd däi Wilzau", erinnerte sich die Wirtin, „zerschd seine zwaa Huuserdaschn umgschdilbd, daß nach außn gschaud hom, und dernooch hodder in Reiß-verschluß vo sein Huuserdiirla aafgmachd und sein Fami-lienminisder rausschauer loun. Wissen'S scho, wen dassi maan, Herr Richder?"

Damit war die Vorführung allerdings noch nicht ganz been-det. „Soderla", schrie Hugo durch das Wirtshaus, „edzer is dou herinner es erschde Mool a Elefand – däi zwaa Huuser-daschn sind die Ohrn und dou in der Middn is der Rüssl." Sekunden später flog der Tierdarsteller nahezu waagrecht aus dem Wirthaus hinaus.

Wegen Erregung öffentlichen Ärgernisses mußte er für die Elefanten-Nummer jetzt außerdem noch eine Geldstrafe von sechshundert Mark einzahlen. „A Gligg hosd scho g'habd", sagte ein im Gerichtssaal anwesender Stammtisch-bruder zum Hugo, „daß an dem Dooch in unsern Werzhaus ka Groggodil woor." „Worum?", fragte der Hugo. „No, wall des Groggodil hädd doch dein Elefand unweigerlich in Rüssl wechbissn."

Die Färdder Kärwa und der begossene Gummibaum

Der Paul ist zwar ein eingefleischter Lokalpatriot, aber einmal im Jahr läßt er Paßformalitäten und Gesichtskontrolle ohne weiteres über sich ergehen und überschreitet an der Fürther Kärwa frohgemut die Stadtgrenze. Meistens endet der kleine Grenzverkehr vom Paul mit einem Kanonenrausch. Heuer hat es zusätzlich noch mit einer kleinen Verhandlung beim Schnellrichter geendet.

Sauber abgefüllt ist der Grenzgänger am späten Kärwa-Sonntag in den U-Bahnhof eingetorkelt und hat als erstes den uniformierten Fahrer mit einem höheren Staatsbeamten verwechselt. „Herr Oberzollinschbeggder", hat er gelallt, „i hob zwaa Värddala Karbfn, a Flaschn Zwedschger, vier Mous Bier und a weng an Federweißn. Mousi dou Zoll zooln?"

Danach wuchtete sich der Paul zusammen mit seinem Vollrausch in den Waggon, suchte beim Gehen und Stehen festen Halt und fand ihn in Gestalt einer Dame namens Erika. Die hatte sich als Kärwa-Souvenir keinen Affen, sondern einen sehr schönen Gummibaum mitgebracht. Der stand völlig unschuldig im Eck und hätte eigentlich zusammen mit seiner Besitzerin am Plärrer aussteigen sollen.

Es ist aber leider nicht dazu gekommen, weil im Verlauf der interessanten Fahrt der Paul verschiedene Sachen durcheinandergebracht hat. Unter anderem hat er den Gummibaum für ein stämmiges Bäumchen im Stadtpark gehalten. Und wie die Erika nur einmal ganz kurz nicht aufgepaßt hat, hat sich der Paul offenbar mit einer Gießkanne verwechselt. Er ist mit geöffneter Sprinkleranlage vor der Erika ihrem Losglück gestanden und hat es in ausreichendem Maß gelöscht „Ja Godd", sagte der Paul jetzt zum Richter, „suu genau wassi des aa nimmer, wos dou abgloffn is, gell! Obber i kommi nu dunkl droo erinnern, dassi an saubern Drugg aff der Blousn g'habd hob und mid den Gummibaum, dou werri hald gmaand hom, dassi im Wald bin, odder wou!"

Jedenfalls brachte der Paul sein Geschäft ordnungsgemäß hinter sich. Es dauerte wegen der bereits erwähnten vier Maß Bier, Zwetschgenschnaps und Federweißen ziemlich lang. So lang, daß die Erika auf ihren Gummibaum bis zur Haltestelle Hasenbuck hatte warten müssen.

Allerdings war aus dem Blumentopf fast die ganze Erde bis auf die Wurzeln weggeschwemmt worden und er neigte sich mehr wie eine Trauerweide zu Boden. „Edzer", sagte die Erika zu ihrem ungebetenen Gärtner, „edzer moochin aa nimmer."

Wegen Erregung öffentlichen Ärgernisses wurde der Paul zu einer Geldstraße von 600 Mark verurteilt. Anschließend entschuldigte er sich bei der Erika für die Entgleisung aus der Hose. Ob es dem Gummibaum wieder besser ginge, erkundigte er sich. „Naa", sagte die Erika, „der is hii. Is ja aa ka Wunder ba den sauern Reeng!"

Zwei Witwen trauern um den Hubert

Wie der Hubert unser irdisches Jammertal auf Nimmerwiedersehen in Richtung Milchstraße verlassen hat müssen, sind zu allem Unglück auch noch zwei trauernde Witwen auf einmal hinterblieben: die amtliche Lebensgefährtin namens Else und dann noch die Lina, die mit dem Hubert außerehelich bis zum Schluß verbunden war.

Anläßlich eines sehr intensiven Zusammentreffens auf dem Südfriedhof haben jetzt beide noch einmal vor Gericht Seite an Seite die Ehre gehabt: die „richtige" Witwe auf der Strafbank und die Lina als Zeugin.

Zwei Wochen nach der Beerdigung war die Else damals mit Gießkanne und Rechen auf den Friedhof gegangen, um dem Hubert sein Grab zu richten. Kurz vor der letzten Ruhestätte ihres Mannes sah die Else rot, beziehungsweise schwarz: Vor dem Grab kniete das Fräulein Nebenbuhlerin in Trauerkleidung, hatte einen Strauß Vergißmeinnicht niedergelegt und weinte leise vor sich hin.

„Ja fraili", schrie da die Else durch die Friedhofsruhe, „dou rumhoggn und greina. Woorscheins vuur lauder Freid, dassder mei Moo zehadausnd Marg ins Desdamend neigschriim hodd, hä! Schau blous, dassdi dou a weng verolldsd, du graisliche Schnalln, du graisliche! Dou heerdsi doch wergli alles aaf – neddermol in der Erdn drinner hodder a Rouh vuur dir, mei armer Hubert!"

Außerdem ordnete die Else noch an, daß sich die Lina ihren Strauß Vergißmeinnicht gefälligst irgendwohin stecken soll, daß das Grab ab sofort von der Wach- und Schließgesellschaft beschattet wird und daß Erbschleicherinnen auf einem Gottesacker nichts verloren haben.

Anscheinend leistete die Lina dem Abmarschbefehl nicht sofort Folge und so verlieh die Else ihren Worten mit sehr kräftigen Taten Nachdruck. „Middn Gießerla", sagte die Lina, „hodds mer anne am Kubf naafg'haud und nou is mer middn Rechn in der Händ durchn halberdn Friedhuuf nouchgrennd – däi Gifdhenner!"

„So", brüllte die Else sofort dazwischen, „a Gifdhenner bin iich? Dou schau heer! Des mousi mer vo dera Dreegschlaidern nedd gfalln loun, Herr Richder! Vonnern Weibsbild, wou mein armer Hubert mid ihrn eleggdrischn Underleib braggdisch verhexd hodd. Der Daifl isser Dreeg geecher däi. Mei Hubert woor a anschdändicher Moo, bisser dera Schbinoodwachdl dou in ihre rachgierichn Finger kummer is."

Ausspucken wollte die Else noch vor der Zeugin der Anklage, da wurde sie aber bereits mit sanfter Gewalt aus dem Saal entfernt und in Abwesenheit wegen Beleidigung und Körperverletzung zu einer Geldstrafe von siebenhundertfünfzig Mark verurteilt.

Kurz vor Prozeßende brüllte die Else aber noch einmal durch den Türspalt in die Verhandlung: „Es nexd mol, wenni di am Friedhuuf derwisch, nou konnsder glei dei eings Groob schaufln – obber nedd, dassd mannsd, neber mein Hubert!"

Die Karambolage der zwei Jogger am Nassauer Haus

Seit Jahren schon ist der Erich ein wandelnder Gesundbrunnen. Sein Tag beginnt stets mit Müsli und endet meist mit einem gepflegten Muskelkater. Alkohol meidet der vegetarische Wanderprediger wie die Pest und alles, was bei ihm raucht, sind gegebenenfalls die Sohlen von seinen Turnschuhen, wenn er nach Feierabend in seiner Eigenschaft als Jogger wie ein geölter Blitz durch die City wieselt.

Aber auch der Jogger geht nur solange zum Gesundbrunnen, bis er bricht, und anläßlich eines sehr schmerzhaften Zwischenfalles in der Innenstadt ist der Erich jetzt vor Gericht gestanden.

Gemäß den Gerichtsakten ist der Gostenhofer Nurmi an einem schönen Sonntagmorgen durch die Fürther Straße gerannt, hat zweimal den Plärrer umrundet und dann seinen schnellen Schritt in Richtung Fußgängerzone gelenkt. Kurz vor der Lorenzkirche ist er mit einem Affenzahn und haarscharf an der Wand entlang um das Eck vom Nassauer Haus gewetzt. Was an sich noch nicht strafbar ist.

Leider hat es sich aber zugetragen, daß sich an diesem schönen Sonntagmorgen auch in der Nordstadt ein Jogger namens Alfred in Bewegung gesetzt hatte. Er ist vom Schillerplatz kommend über den Paniersplatz gerannt, durch die Laufer Gasse ein kleines Stück in Richtung Fußgängerzone und kurz vor der Lorenzkirche ist er ebenfalls mit einem Affenzahn und haarscharf an der Wand entlang um das Nassauer Haus gerast. „Suwos", erinnerte sich jetzt der Alfred an das wundersame Zusammentreffen der zwei Jogger, „hobbi in mein ganzn Leem nunni derlebbd. I hob mer nu dengd, dou schnaufd doch irchndanner um der Eggn rum und nou hodds schon an Drimmer Schlooch dou! Des mäinsersi amol vuurschdelln, Herr Richder – die ganze Schdadd ist menschnleer und dou rumbln mir zwaa Debbn braggdisch aff offner Schdregge zamm, daß mer fasd bewussdlos woorn! Wenn des ka Zufall is!"

Leider vergaß aber der Erich nach der außergewöhnlichen Karambolage die Gesetze der Fairness. „Bläide Sau, bläide", knirschte er zwischen seinen blutenden Lippen hervor, „konnsd gwiss nedd aafbassn? Wer vo Rechds kummd hodd Vorfardd – draamhabberder Hirnheiner!" Und dann schmierte der Erich dem von links gekommenen Alfred eine, daß er gleich noch einmal zu Boden gehen mußte.

Die Vorfahrtsregel ließ der Herr Amtsgerichtsrat völlig außer Acht und verurteilte den von rechts gekommenen Erich wegen Körperverleztung zu einer Geldstraße von neunhundert Mark. „Normool", sagte der Alfred nach dem Urteil versöhnlich zum Erich, „normool mäißerd mer aa fiir Dschogger a Geschwindichkeizbegrenzung eifiirn in der Schdadd."

nr. 1 im sport

adidas ✦

Fremdenverkehr:

Nürnberger Souvenirs

Wie man einer ernährungswissenschaftlichen Zeitungsmeldung von höchster Brisanz entnehmen hat können, ist die tschechische Kugelstoß-Weltmeisterin Helena Fibingerova in einer Nürnberger Kneipe bei Schweinebraten und rohen Klößen gesichtet und gehört worden. Anläßlich ihres hervorragenden Appetits hat man dieser Weltmeisterin fünf Pfund Kloßteig im Frischhaltebeutel mit auf die Heimreise gegeben. Die Helena wird daheim in Prag aus dem Kloßteig fränkische Gniidla formen und mit ihnen Kugelstoßen. Auf dem Trikot kann man dann lesen „Mit Vorderers Kloßteig immer auf den vorderen Plätzen!"

Wir ersehen aus dieser kleinen Episode aus dem Leben einer Weltrekordlerin, daß man aus Nürnberg stets sehr schöne Souvenirs mit heimbringen kann. Wir möchten den Touristen aus nah und fern und aus Kleinschwarzenlohe in dieser Richtung noch weitere Anregungen geben, denn auch die hiesige Souvenir-Indstrie leidet unter dem wirtschaftlichen Aufschwung der Regierung und braucht jede Mark.

Wie jeder weiß, ist diese Stadt weltberühmt geworden durch Kunst und Kunsthonig. Es sind daraus die betenden Hände von Dürer entstanden und die Lebkuchen. Beides kann man zollfrei bis zu fünfzig Kilo als Andenken mit heim nach Okasa oder Kamasutra nehmen. Sehr beliebt ist es aber auch, daß man sich als Tourist am alten Aufmarschgelände vom Reichsverweser Hitler, im wahrsten Sinn des Wortes, einen kleinen Granitstein für die Lieben daheim abbricht. Es ist jetzt aber polizeilich verboten worden. Das Oberteil dieser großen Steintribüne ist auf diese Weise nämlich schon verschwunden und wenn jeder Neo-Nazi dort draußen am Dutzendteich einen kleinen Granitsplitter mitnehmen möchte, dann wär dort im Herbst alles dem Erdboden gleich.

Anstelle von Steinen kann jeder Tourist ohne weiteres die bereits besprochenen original Nürnberger Lebkuchen mitnehmen. Die sind schöner verpackt und haben spätestens nach zwei Wochen den gleichen Härtegrad wie Granit.

Außerordentlich berühmt ist Nürnberg auch für seine mittelalterlichen Chörlein und Erker. Wer solche Erker findet, darf sie aber nicht mit nach Hause nehmen. Sie sind unverzüglich bei den Altstadtfreunden abzugeben, die sie überall an die Betonhäuser hinpichen und die Stadt verschönern. Also Vorsicht bei der heimlichen Mitnahme von Erkern, denn ein altes Nürnberger Sprichwort sagt: „Keinen Erker ohne Ärger".

Um noch einmal auf die bildende Kunst mit den betenden Händen zurückzukommen, haben wir beim Dürer natürlich noch andere Werke auf Pappdeckel oder in Plastik zum volkstümlichen Preis. Zum Beispiel der Hase von Dürer ist wesentlich billiger als ein Hase vom Engelbrecht. Weitere Werke von unserem Pinsel-Papst, wie die vier Apostel, haben sich die Münchner schon als Souvenir untern Nagel gerissen und sind derzeit an einschlägigen Kiosken oder beim Kerzen-Elsässer nicht erhältlich.

Ansonsten kann man den Touristen vielleicht noch diese hermetisch verschlossenen Blechdosen mit Nürnberger Luft empfehlen. Wer so eine Dose um 6,95 Mark besitzt, kann ohne weiteres sagen: In meinen Händen tickt eine Stinkbombe. Diese Nürnberg Luft enthält, sehr viele schöne Stickoxide.

In Dosen gibt es weiters noch die weltberühmten Nürnberger Bratwürste. Auch sie enthalten sehr viel Nürnberger Luft sowie Wasser. Als Souvenir eignet sich auch vorzüglich der hier erfundene Lachsack, den der eine oder andere vielleicht schon hat, und dazu vielleicht eine Nachbildung vom Peter Henlein seinem Ei. Auch die Eier vom Waldemar K. (Name ist der Redaktion bekannt) sind nicht von schlechten Eltern. Vor Plastikausführungen der Burg, des Schönen Brunnens, der Frauen-, Lorenz- oder Sebaldus-Kirche ist zu warnen, denn auf ihnen steht unten meistens drauf „Made in Hongkong". Obwohl eine Made in Hongkong immer noch besser ist als eine Schabe im Käskong.

Fränkische Kirchweihbräuche

Frankens berühmteste Kärwa ist die am Walberla, beziehungsweise die Erlanger Bergkirchweih, die Johannis-Kärwa in Nürnberg, respektive die Fürther Kirchweih, oder aber eventuell sogar die in Almoshof, Boxdorf, Schweinau, keinesfalls zu vergessen die weltberühmte Kärwa von Hinterdipfelsbach.

Es hängt vom jeweiligen Fremdenverkehrsdirektor ab, welche die weltberühmteste ist. Auf jedem Fall muß man hin, weil wir auch bei Sardinenweckla, Geisterbahn und Vollrausch ein Wirtschaftswachstum brauchen.

Gestern wurde die berühmteste aller berühmtesten Kirchweihen, nämlich die Erlanger Bergkirchweih, feierlich angezapft. Wegen der vielen Radler in Erlangen hat der Oberbürgermeister seine Kärwa selbstverständlich mit einer Radlermaß eingeweiht.

Alles weitere spielt sich dann laut einem Werbetext ungefähr so ab: Wir sitzen mit unserem grünen Hut auf einer Bank unter blühenden Kastanien, im Maßkrug spiegelt sich ein azurblauer Himmel, ein Bratwurstlüftchen vermischt sich mit dem Duft von Maiglöckchen und der Friede des Herrn und der Frau Gemahlin ist mit uns allen. Es sind Tage wie Samt und Seidel auf so einer fränkischen Kärwa.

In diese Verlautbarungen aus der Klischieranstalt passen auch sehr gut unsere ebenfalls außerordentlich berühmten fränkischen Kirchweihbräuche. Als erstes haben wir bei diesem Brauchtum den Kirchweihbaum. Dieser wird von den sogenannten Kirchweihburschen feierlich aufgestellt und noch in der gleichen Nacht von einem Kommando Heiner Rettich gestohlen. Die Kärwa-Gaudi strebt damit unweigerlich ihrem Höhepunkt zu und es mündet in Trümmer Schelln für alle Beteiligten. Die allerlustigsten Fälle von Brauchtum, wie schwere Körperverletzung oder versuchter Totschlag, werden am Gericht behandelt.

Ein sehr schöner Brauch ist auch das sogenannte Kirchweih-Rempeln. Dabei ziehen wiederum die Kärwaburschen durch's Bierzelt, rempeln einen älteren Herrn, daß sich dieser nach einem doppelten Salto statt vor seinem Maßkrug plötzlich in der Unfallklinik wiederfindet.

Regional verschieden werden dabei Mopedketten, mit Blei gefüllte Gartenschläuche oder Schlagringe verwendet. Dieser Brauch ist im fränkischen Volk sehr beliebt, denn es werden bei ihm die hiesigen Nationalfarben Weiß und Rot deutlich herausgearbeitet. Vor Schreck käsweiße Gesichter und auf ihnen das rote Blut. Es ist ein sehr gelungener Kontrast zu dem bereits erwähnten blauen Himmel.

Als Drittes wissen wir noch was von einem mehr sportlichen Wettbewerb, nämlich dem Maßkrugzielwerfen. Dabei suchen wir uns in etwa zehn Meter Entfernung einen markanten Kopf und schleudern auf ihn unseren Maßkrug. Mit mehreren Krügen erzielt man eine gewisse Streuwirkung und erhöht die Trefferquote. Auch dieser alte fränkische Kirchweihbrauch mündet dann normalerweise wieder in Schädelbrüchen, Platzwunden und abgebissenen Ohren.

Viertens ist noch der Kirchweihtanz überliefert. Bei diesem reißt man ganz einfach seinem Nachbarn die Partnerin aus den Armen und langt ihr noch gegebenenfalls von oben ins Dirndl. Und schon setzt es wieder Trümmer Fotzn, daß durch den Festsaal der Rötel spritzt. Wenn die Sanitäter mit den Opfern auf der Tragbahre schon wieder fort sind und die Polizei bereits die ersten Nachforschungen anstellt, breitet sich tiefe Zufriedenheit aus.

Als letzten und gerade in Erlangen oft praktizierten Kirchweihbrauch soll man vielleicht noch das sogenannte Schiffe-Versenken erwähnen. Dabei pinkelt man ungefähr nach sechs bis sieben Maß an diesem duftenden Kastanienbaum seinem Vordermann in die Hosentasche. Sobald dieser die Ursache des plötzlichen warmen Regens merkt, haben wir sofort wieder Schelln auf die Schleppern, Schädelbruch und die Schuhspitz im Hintern, diese markanten Kennzeichen unserer schönen fränkischen Kirchweihbräuche.

Zwei Ochsen
auf der Autobahn

Der Gustav fürchtet sich vor fast nichts auf der Welt, weder vor dem Teufel, noch vor Hagelschlag, Hungersnot oder vor irgendwelchen Verkehrsgesetzen und wird in seinem Heimatdorf draußen im Fränkischen deswegen auch der „Eiserne Gustav" genannt.

Lediglich vor dem Tod durch Vedursten hat der Viehhändler einen ziemlichen Respekt und kämpft täglich und nächtlich im Wirtshaus wacker gegen das Austrocknen der Feuchtgebiete in der Gurgel an.

Die Verkehrsgesetze vom Staat und der Durst vom Gustav sind nun in einer finsteren Herbstnacht zusammengetroffen, und zusätzlich noch zwei Ochsen, die sonst friedlich im Stall des landwirtschaftlichen Schluckspechtes stehen.

„Schuld an den ganzn Deooder", sagte der Gustav jetzt vor Gericht, „is mei Draggdor. Däi Schebberkisdn is mehr hii, wäi daß am Agger rumfäärd. Und ausgrechnd an den Dooch, wou iich middn Oodlwoong aff meiner Wiesn gween bin, freggd mer der Scheiß Karrn widder. Und an Abschlebbdiensd vom ADAC gräigsd ja aff anner Wiesn nerblous ganz seldn!"

Also ist der Gustav zu Fuß ins Dorf zurück, wo sich in Gestalt des Wirtshauses noch eine kleine Versaufpause ergeben hat. Die Dämmerung hat sich bereits über die heimelige Gaststätte gelegt, wie der Gustav sich wieder an seinen defekten Traktor und den Odelwagen erinnert hat.

„Nou binni", sagte er, „niiber in Schdall ganger, hob meine zwaa Ochsn zammbaggd und nou simmer zu dridd widder aff die Wiesn." Eigentlich zu viert, weil der Gustav ja auch noch einen sehr schönen Affen dabei hatte.

Aus diesem Grund und auch wegen der inzwischen hereingebrochenen Finsternis hat der landwirtschaftliche Abschleppdienst dann verschiedene Sachen durcheinander gebracht. Zum Beispiel hat der Gustav die Seiten verwechselt und die zwei Ochsen aus Versehen hinten am Odelwagen ins Geschirr gehängt. Und zweitens ist er dann noch in die verkehrte Richtung gefahren – nämlich auf die Autobahn.

Dort hat sich dann nachts um elf Uhr folgendes Bild ergeben: Auf der Standspur sind in Richtung Berlin zwei Ochsen getrabt, einen Odelwagen und einen kaputten Traktor verkehrtrum ziehend, und der Gustav ist dauernd mit einem Haselnußstecken um den Konvoi rumgerannt und hat seine zwei Rindviecher zur äußersten Eile angetrieben.

„Ja Godd", sagte der Cowboy jetzt vor Gericht, „i hob nou scho gmergd, daß mer irchndwäi aff der Autobahn woorn. Obber die Bolli homs leider schneller gmergd wäi iich, gell!" Wegen des seltsamen Almabtriebs ist der Gustav zu einer Geldstrafe von fünfzehnhundert Mark und einem Führerscheinentzug auf die Dauer von sechs Monaten verurteilt worden.

„Asuu ein Schmarrn", sagte er danach mehr zu sich selbst, „meine zwaa Ochsn hom doch ibberhabbs kann Führerschein."

Das Kaffeehaus
an der Fleischbrücke

Das Kaffeehaus an der Fleischbrücke ist für die Lisbeth ein Ort der Erbauung und der Pfund-Aufwertung, wo sie einmal in der Woche nach dem Funktionsprinzip einer Mülltonne Kaffee, Kuchen und Schlagsahne in sich hineinfallen läßt wie nichts. Wie am Himmel jeden Monat zunehmender Mond ist, ist in diesem Kaffeehaus also jeden Mittwoch zunehmende Elisabeth.

Bei ihrer Kalorien-Orgie läßt sich der wandelnde Schnellimbiß nur ungern durch Äußerlichkeiten stören und deswegen hat es die Lisbeth mit Argwohn beobachtet, wie sich anläßlich einer solchen Marzipanschweinchenschlachtung ein jüngerer Herr namens Willi an ihren Tisch gesetzt hat.

„Dou hodds", sagte die Zeugin der Anklage jetzt am Gericht, „dou hodds aff aamol a weng schdreng grochn am Diisch und in den Momend schau iich aff den Moo genauer hii und nou hobbi gmaand, miich driffd der Herzkaschber, wäi den iibern Kubf driiber a Drimmer Radz grabbld! Des

Viich, des graisliche, hodd a weng gschnubberd, nou is an den sein Ärml noogloffn an mei Schwarzwälder Kerschdorddn hii und hodd neibissn. Nou wassi nix mehr, walli ohnmädchi worn bin."

Der Ohnmachtsschrei der Lisbeth löste dann im Café verschiedene Ereignisse aus, die man zusammenfassend ohne weiteres als Panik bezeichnen hat können.

Die ägyptische Wanderratte vom Willi verlor die Übersicht und flüchtete zu einem Kaffeekränzchen am Nebentisch, die Lisbeth lag käsweiß im Gesicht am Boden zwischen Scherben und Schlagsahne, die meisten Damen standen auf den original Biedermeierstühlen und der Besitzer des Kaffeehauses schrie in den Telefonhörer hinein, daß sofort die Bereitschaftspolizei mit einer Hundertschaft und zwei Wasserwerfern anrücken soll.

„Horngs aamol", sagte der Willi jetzt zum Herrn Amtsgerichtsrat, „dou konn doch iich nix derfiir, wenn däi Laid in den Café mid ihrn bläidn Gschraa mein glanner Radzn dodaal nerwees machn. Der doud doch kann Menschn wos, Herr Richder! Im Geengdeil – der is selber fix und ferddi gween. I woor mid ihn bam Dierarzd und edzer mouser woorscheins värzza Dooch aff Kur weecher den Schogg!"

Der Herr Richter erklärte dem Willi in aller Ruhe, daß er mit dem Rumblödeln aufhören soll und daß eine Ratte auf dem Tisch eines Kaffeehauses nichts verloren hat. Die zwei Anzeigen von der Lisbeth und dem Café-Inhaber wurden in vollem Umfang bestätigt, und der Willi muß wegen Hausfriedensbruch und Körperverletzung eine Geldstrafe von sechshundert Mark zahlen.

„Des kenner S' Ihna mergn", schrie der Willi nach dem Urteil in den Saal, „mir is a Radz läiber wäi mancher Mensch!" Und dann hielt er seinen Ärmel waagrecht, wo die ägyptische Wanderratte auftauchte und ganz fein aber hörbar auf das Urteil pfiff.

Die verschwundene Lederhose

Der Franz wohnt ein bißchen weiter draußen im Fränkischen, wo die sogenannten Berge mit ihren paar Zentimetern überm Meeresspiegel trotzig und erhaben über jeden Ameisenhügel hinausragen, und lebt vom Tourismus. Also von jenen Damen und Herren aus Berlin, die das Walberla für den Watzmann halten und den Unterschied zwischen Odeln und Jodeln nicht kennen.

Der Franz hat acht Betten mit Frühstück, die er stolz „Urlaub auf dem Bauernhof" nennt und hat ein Schild über der Haustür hängen, auf dem steht „Man spricht Hochdeutsch".

Trotz dieses sehr guten Verhältnisses zu den Berliner Feriengästen ist es in dieser Saison zu einer kleinen Auseinandersetzung mit einem Herrn aus dem Brandenburgischen gekommen, und es hat jetzt sogar vor Gericht verhandelt werden müssen.

Mit einer bereits vom Großvater getragenen und an die Nachfahren weitervererbten Lederhose ist der Franz damals am Wirtshaus-Stammtisch gesessen und hat dem staunenden Richard erzählt, daß man diese Art von Hose praktisch zu allen Gelegenheiten tragen kann. Er, der Franz, trage das Erb- und Gerbstück schon seit seiner Konfirmation und habe es, soweit er sich erinnern könne, noch nie ausgezogen.

Nach etwa zwölf Seidlein Tucher bot der Richard für die speckige Trachten-Bermuda bereits zweihundert Mark.

„Nedd amol für an Dausnder", sagte der Franz, „gib iich dir mei Huusn, wallis scho in Germanischen Nazionalmuseum verschbrochn hob."

Zu dem vielen Freibier gesellten sich im Verlauf des Abends einige doppelte Zwetschgenschnäpse und noch vor Mitternacht muß der Franz am Kachelofen ein bißchen eingenickt sein.

„Aafgwachd binni", sagte er jetzt vor Gericht, „walls mer ummern Oorsch rum a weng frisch worn is. Nou wolldi zooln, lang in mei Huuserdaschn nei und nou hobbi gmaand, mi driffd der Schlooch – bin iich mid der Underhuusn in den Werzhaus drinnergschdandn und mei Ledderhuusn woor fordd!"

An der Farbgebung der Unterhose konnte man sehr schön erkennen, daß vermutlich auch dieses Beinkleid ähnlich wie die Lederhose ein Leben lang noch nicht gewechselt wurde und der Franz hätte die verschiedenen Muster gern wieder salonfähig bedeckt. Aber die Lederhose war fort und der Richard auch.

„Zwaa Kilomeeder", schilderte der Franz den Rest der Nacht, „hobbi nou nu haamlaafn mäin. In der Underhuusn! Und wos maanersn, Herr Richder, wos mei Frau gsachd hodd? Däi hodd scho derhamm aff miich gwardd. Und iich schdäih nou vuur der Diir, sie schaud runder, die Sunner gäid grood aaf und iich schdäi halmi naggerd dou".

Zwei Tage später stand aber auch die brettharte Lederhose ganz allein wieder im Morgengrauen vor dem Anwesen vom Franz, und die Schelln, die der Richard aus Berlin bezogen hatte, waren unbegründet. Sie kosteten eine Geldstrafe in Höhe von neunhundert Mark.

„Suu a Gschmarr", sagte der Franz, „der hodd doch unbedingd a fränkische Drachd hoom wolln und nou hodder hald a Drachd Briigl gräichd".

"Halmi naggerd"
oder
Die verschwundene
Lederhose

Tucher. Würzig und von großem Adel.

Die innige Liebe zwischen Wirtsleuten

Der Kurt und der Hans sind zwei Kollegen, die sich ungefähr so innig lieben wie Hund und Katze. Wenn der Kurt früh um elf die Fensterläden von seinem Wirtshaus aufmacht und mit seinen geröteten Augen genau gegenüber das Gasthaus vom Hans erblickt, dann sträuben sich ihm schon die Nackenhaare. Mit den Prozeßakten, die zwischen den zwei stets ausgetauscht werden, könnte man ein Mehrfamilienhaus bequem einen Winter lang heizen, und ein junger, aufstrebender Rechtsanwalt hat sich durch die ansehnlichen Honorare bereits mit neunundzwanzig Jahren zur Ruhe setzen können.

Wie sich andere einmal in der Woche am Stammtisch treffen, sehen sich der Hans und sein bester Feind immer am Gericht. Dieses Mal war der Kurt fehdeführend. Im vergangenen Mai hat er nämlich seinen fünfzigsten Geburtstag gefeiert, und es sind zu seinem großen Erstaunen bereits früh um zehn Uhr die ersten Gratulanten erschienen. Noch dazu fast alles Menschen, die der Herr Wirt überhaupt nicht gekannt hat. „Mid ann Schlooch", erinnerte sich der Kurt, „sin dou zeha bis fuchzeha Mann in mein Werzhaus gschdandn, a jeder hodd mer die Händ driggd und nou homs an Seggd verlangd."

Anfangs freute sich der Jubilar über die Teilnahme völlig fremder Menschen an seinem Wiegenfest und ließ tapfer im Schweiße seines Angesichts die Sektkorken knallen. Nach zwei Stunden verlor er aber langsam den Überblick. Die Gaststube war brechend voll, die meisten waren schon leicht betrunken. Die Geburtstagsgäste sangen dauernd „Hoch soll er leben" und dem Kurt sein Kellner hatte schon zweimal in den Supermarkt rennen müssen, weil der Sekt ausgegangen war. „Sugoor fimbf Jabbaner", sagte der Kurt, „sin aff amol mid ihre Foddo ummers Hals rum vuur mir gschdandn, hommi oogrinsd und nou homs mer aff jabbanisch zon Gebozzdooch graduliert."

Nach dieser fernöstlichen Gratulation, die mit fünf Flaschen Champagner belohnt wurde, wankte der Kurt, einem Nervenzusammenbruch nahe, vor die Tür und fand dann die Auflösung der rätselhaften Gratulationscour. Vor seinem Wirtshaus hing ein riesiges Schild, wo in deutsch, englisch, französisch, italienisch und spanisch geschrieben stand: „Unser Chef feiert heute seinen fünfzigsten Geburtstag! Wir möchten, daß Sie sich mit ihm freuen und laden Sie zu einem Glas Champagner ein."

Plötzlich stand der Hans von gegenüber vor dem Kurt und wollte auch gratulieren. „Wadd ner", sagte der Kurt, „du gräigsd aa dein Seggd!" Und dann glättete er ihm mit einer Flasche deutschen Obstschaumwein zu zwei Mark achtundneunzig den Scheitel.

Daß der Hans die Geburtstagseinladung in fünf Sprachen geschrieben hatte, konnte ihm nicht nachgewiesen werden. Aber der Racheakt mit dem Schlag auf dem Kopf stand fest, und der Kurt wurde wegen schwerer Körperverletzung zu einer Geldstrafe von 3000 Mark verurteilt. „Mid däi fimbf Jabbaner", sagte der Hans danach draußen im Gang, „dou hodder in Richder oogluung. Wall in Jabbanisch hobbi ibberhabbs nix draffgschriim g'habd."

Der Herr Kini

Man könnte vielleicht meinen, daß den gesamtbayerischen Menschen zur Zeit brennend das Sauwetter interessiert, oder ob der Kohl kohlt und was der Strauß drüber denkt. Von Interesse könnte möglicherweise auch sein, wie es kommt, daß die Regierung mit scharfem Blick entschieden einen Aufschwung beobachtet. Sie wird damit wahrscheinlich meinen, daß sich die Arbeitslosenzahlen in unwahrscheinliche Höhen hinaufschwingen. Dann haben wir noch diesen Halleyschen Kometen, wo man nicht weiß, ob eventuell die Welt untergeht heute abend.

Zusammenfassend kann man also sagen, wir haben genug Stoff für Gespräche, Erörterungen, Diskussionen, Zeitungsberichte oder Fernsehen. Aber was ist momentan Thema Nummer eins, was beherrscht die Zeitungen und die Wissenschaft? Es ist ein gewisser Ludwig Kini aus Starnberg, den hier kein Schwanz kennt, der in keinem Telefonbuch steht, geschweige denn zum Club geht oder ins Bratwursthäusle. Er kann also auf keinen Fall ein Fibb-Mensch sein, wie man die Prominenz auf englisch auch nennt, und trotzdem hat man dieser Tage in einem sehr guten Gesellschaftsblatt die Überschrift lesen können: „Der Kini tobte, trank und spuckte auf die Teller." Es muß sich also bei diesem Herrn Kini auch um einen sehr flegelhaften Menschen gehandelt haben, um schwerwiegendere Ausdrücke zu vermeiden.

Wahrscheinlich hat er noch einen Bruder gehabt mit gleichem Vornamen, weil in den meisten Berichten über ihn hinter seinem Ludwig immer noch ein römischer Zweier steht.

Außer Kini heißt er auch noch Wittelsbach. Diese Wittelsbacher sollen viele Degenerationen hindurch in Bayern irgendwie geherrscht haben. Bis hin zu diesem feinen Herrn, der anderen in die Teller spuckt. Weiter drunten in München, Pasing, Stadelheim oder Haar scheint er bekannter zu sein als bei uns.

Es gibt dort im Hinblick auf eine angenehmere Erinnerung an ihn Kini-Vereine, Kini-Medaillen, Kini-Bücher, Kini-Wallfahrten, Gedenktage, nur auf ihn und seine bespuckten Teller angesetzte Wissenschaftler und eine große Liebe der Menschen zu ihm, obwohl man sich das gar nicht erklären kann. Erstens ist er heuer schon hundert Jahre lang tot und zweitens muß er ein ganz schöner Hallodri gewesen sein.

Er hat vom Champagner bis zum Rasierwasser alles gesoffen, was in seinen Gemächern rumgestanden ist, er hat Schulden gehabt wie ein Stabsoffizier und auf Pump im ganzen Land Prunkbauten errichten lassen, daß die „Neue Heimat" ein Waisenknabe dagegen ist. Er hat mehrere Menschen um ein paar Millionen Goldmark seinerzeit gerollt.

Heute wäre es schlecht um diesen Ludwig Kini bestellt. Aus sowas bringt ein guter Amtsrichter ohne weiteres eineinhalb Jahre raus, im Fall von Vorstrafen ohne Bewährung. Diesem feinen Herrn Kini ist es aber im Gegenteil gelungen, in einem weißen Hermelinmantel auf diesem bayerischen Königsthron zu sitzen.

Heute weiß man natürlich mehr. Einige Wissenschaftler haben ihn erforscht und behauptet, er hat stechende Augen, eine stechende Leber, hochgradig Karies und er ist einen Meter einundneunzig groß gewesen. Dieses Maß ist später auch bei den Ami-Zigaretten unter der Bezeichnung King-Size eingeführt worden.

In einem anderen Buch ist außerdem noch behauptet worden, daß dieser Kerl einen Hau gehabt hat, also verrückt war. Nach dieser Behauptung ist ein Aufschrei durch viele Münchner Menschen gegangen. Auch um seinen Tod ranken sich verschiedene Rätsel. Im Jahr 1886 ist er auf dem Starnberger See spazieren gegangen. Er hat sich wahrscheinlich mit Jesus verwechselt und ist ertrunken.

Was von diesem Kini höchstens für Franken von Bedeutung sein könnte: Es kann hier kein Herr Kini und auch sonst niemand ertrinken, weil im Dutzendteich vom Dezember bis zum Juni das Wasser abgelassen ist.

Wer genau weiß, um wen es sich bei diesem Ludwig Kini aus Starnberg handelt, kann an den Verlag verschreiben. Der erste Preis ist eine gebrauchte Jackett-Krone.

Die Kings, die Chefs, die Bosse

Uns g'heerd die Aldschdadd
Mir sin die Kings
Mir sin erschd fräih madd
Mei Freind, des bringds
Mir schbilln Golf
Mir hom an Borsche
Unser Geld, des lässd si seeng
Und wemmer uns hiileeng
Nou liing mer vull im Drend
Mid unsern seidna Hemd
Uns g'heerd die Südschdadd
Mir sin die Scheffs
Mir sin suu aalgladd
Daß wäi gschmiird leffd
Uns g'heerd die Nordschdadd
Mir sin die Boss
Aff uns werd gern g'wardd
Ba uns is wos lous
Und mir g'heerd mei Beddschdadd
Derfiir ganz allaans
Is aa a weng arch hardd
Fräih ummer aans
Iich schbill nedd Golf
Iich hob kann Borsche
Und mei Geld, des hobbi gseeng
Und wenni mi hiileech
Nou liichi neeber dir, mei Schadz
Und drausn bfeifd a Radz

Konfirmation und Kohlen

Die evangelische Kirche hat verschiedene hohe Feiertage wie zum Beispiel Peter und Paul, Max und Moritz, Aschermittwoch, Sankt Remy Martin, Sankt Nimmerlein oder die Buß & Bett AG. Das herausragendste Fest für einen jungen Protestanten und seine Familienbande ist aber die Konfirmation, im Fränkischen auch unter dem Namen Kombfermazion bekannt.

Dieses Fest wirft in vielen Familien jetzt schon wieder seine Schatten voraus in Gestalt von Streitigkeiten um die Sitzordnung im Wirtshaus, Unregelmäßigkeiten auf der Geschenkliste und im Aufbrechen uralter familiärer Wunden.

Um diese Konfirmation beneiden uns die Katholiken seit fünfhundert Jahren, denn es gibt bei den Päpstlichen nichts vergleichbar Erhabenes. Die Firmung und die Kommunion sind eine matte Sache dagegen. Es gibt dort nur Weihrauch und eine gedrehte Kerze vom Kerzen-Elsässer.

Die Konfirmation hingegen ist eine großartige Zusammenkunft der gesamten Familie, an die wir noch zehn Jahre danach mit Entsetzen zurückdenken. Sie gliedert sich in drei Teile.

Erstens das Erstellen und Verschicken von den Einladungskarten, wobei wie durch eine Fügung der unterirdischen Mächte die Erbtante aus Bad Kissingen vergessen wird und der Konfirmand sich bereits einen fest einkalkulierten Scheck über De Emm fünfhundert abschminken kann. Der schon fast ratifizierte Kauf eines Home-Computers, eines Hei-Fi-Turmes oder eines Fideo-Recorders gerät in Gefahr.

Zweitens haben wir dann die ebenfalls sehr heikle Einteilung der Sitzordnung im Wirtshaus. Die Vorbesprechungen dazu beginnen bereits Ende Dezember, Anfang Januar und wir kennen daraus folgende Dialoge.

Vater: „Und die Kunni mid ihra Schwerddgoschn, däi kennd

mer neebern Alfons hiihoggn. Vielleichd bringd der nou aa amol sei Maul aaf."

Mutter: „I glaab, du schbinnsd a weng! Däi zwaa reedn doch seid dreißg Joor ka Wordd mehr midderanander, seid der Alfons aff der Kunni ihrn Moo seiner Beerdichung suu bsuffn woor."

Vater: „Nou hogg mer hald die Kunni hinder zu der Eibacher Oma?"

Mutter: „Ner fraali – daß däi dann vo der Oma des Grundschdigg in Schobbershuuf gräichd, wous in Boum scho verschbrochn hodd. Dou mäißerd mer ganz schäi bläid sei. Die Kunni werd nedd eigloodn – basda!"

Vater: „Däi hodd obber scho an Hunderder gschiggd!"

Eine Einteilung der Sitzordnung zieht sich bis weit in den März hinein hin und wird von verschiedenen Sachzwängen wie Parteizugehörigkeit, Schwerhörigkeit, Mundgeruch oder Blähungen schwer beeinflußt.

Drittens findet dann bei einer Konfirmation noch die schon kurz erwähnte Sichtung der Geschenke statt. Diesen Vorgang kann man etwa mit den Notierungen auf der Börse in Frankfurt vergleichen. Er wird meistens in die Zeit zwischen Mittagessen und Kaffeetrinken gelegt.

Dabei öffnen die nächsten Familienangehörigen die Kuverts am Gabentisch und schreien so laut wie möglich: „An Fuchzger vo die Broddngeiers. Häddnsi aa a weng mehr ooschdrenga kenner." „Dou, a Hunderder vom Heiner und der Frieda – woorscheins a Selberdruggda." „A Fimbfmargschdiggla vom Nachbar. No, dou dääder mi ganz schäi schiniern. Gibs glei der Bedienung, däi soll a Bäggla Zigareddn hulln. An Fimpfer – denni ihr Audo ist aa die längsde Zeit aff unsern Geeschdeich gschdandn!"

Wer auf so eine Konfirmation als Gast eingeladen wird, muß wissen, daß er seinem Kartengruß im Mindestfall zweihundert Mark beilegen soll. Für diese zweihundert Mark erhält er als Gegenleistung Schweinebraten mit Kloß und Soß, Salate der Saison, einen Schluck Wein und eine Oblate in der Kirche, das Schauspiel eines Familienstreites und für den Heimweg noch zwei Stück Käskuchen in Stanniol.

Um diese Konfirmation beneiden uns die Katholiken mit Recht.

Modernes Leben:

Der Franke
im Flieger

Wie sicher schon jeder weiß, ist der Nabel der Welt außer in
München jetzt auch noch in Nürnberg. Und zwar dreht es
sich um den Ziegelsteiner Flughafen. Wegen der zahlreichen
weltweiten Verbindungen nennt man ihn auch Airport, was
leider viele Einheimische oft mit Aport verwechseln und an
ihm rumstänkern. Dabei kann man von hier aus neuerdings
direkt nach Paris fliegen, nach London, Barcelona und Hof
in Bayern ganz oben und nach elf Uhr abends kann man im
Nürnberger Flughafen, sogar rausfliegen, weil er dann
geschlossen wird.

Aber auch durch diese internationalen Flugverbindungen
werden wir fränkischen Menschen in große Verwirrungen
gestürzt. Den ungeübten Nürnberger Luftreisenden erkennen wir bereits in der Schalterhalle an verschiedenen Äußerlichkeiten. Er erscheint meist in einer lindgrünen Hose,
blauem Blazer und einem rotweißen Sporthut vier bis fünf
Stunden vor Abflug und sucht sich dann irgendeinen uniformierten Mitmenschen. „Horng'S, Sie dou", teilt er dann
vielleicht einem Polizisten mit, „kenndn Sie mir vielleichd
soong, wou dou der Fliicher nach Gembf häld. Mir fläing
nemli nach Gembf, und die Schwiichermudder hommer aa
miid gnummer. Vielleichd werds ba der Kondroll verhafd
mid ihrn finstern Bligg. Hähähähä! Schbass beiseide – kenner mir ba Ihna die Foorschein zwiggn loun, odder wou.
Ach suu – Sie sin a Bolli. Däi denner ja blous Fiirerschein
zwiggn. Hähähähä."
Diese Ausbrüche fränkischen Humors sind aber nur dazu
da, um die Nervosität vor dem Flug nach Gembf oder
Malorga zu vertuschen. Viele rauchen in den vier Stunden

119

vor dem Abflug oft drei Zigaretten auf einmal, verwechseln das Mietauto-Büro mit einem glasweisen Ausschank oder nehmen die zwei großen Überseekoffer für einen Tag Paris aus Versehen mit ins Flugzeug. Dafür ist dann die Frau Gemahlin im Frachtraum verschwunden.

Auch innerhalb des Flugzeugs erkennt man einen Franken ohne weiteres an seinem weltmännischen Auftreten. Erst öffnet er die Gepäckablage und es fliegen ihm aus der Höhe verschiedene Mäntel, Taschen und Bierdosen von einigen Nachbarn über den Kopf. Mit hochrotem Gesicht geht er schnell weiter durch das Flugzeug, wo alle Fensterplätze bereits besetzt sind, steigt eine Treppe nach unten und ist dann wieder im Freien.

Später ist die Röte im Gesicht einem Kalkanstrich gewichen und er fragt seinen Nachbarn ängstlich: „Wäi weid simmern scho?" Und der antwortet nach einem kurzen Blick in die Tiefe: „Korzz vuur Färdd, glaabi."

Nach zwanzig Minuten ungefähr breitet sich dann aber schon eine bestimmte Zutraulichkeit aus. Man öffnet ein Marmeladenglas randvoll mit Stadtwurst mit Musik und das Gratis-Essen der Fluggesellschaft, die Plastikbestecke, Kaffee, Zucker und Trockenmilch werden im Rucksack verstaut. Dieser Rucksack liegt in der Gepäckablage und es fallen auf den Kopf des fränkischen Reisenden wiederum Mäntel, Taschen und Bierdosen.

Anläßlich kleiner Turbulenzen über dem Rheinland wandert die bereits verzehrte Stadtwurst mit Musik springbrunnenmäßig wieder zurück in das Marmeladenglas. Beim Rückflug macht sich der fränkische Luftfahrer mit der Technik der Maschine vertraut. Er schraubt an den Knöpfen, die über ihm angebracht sind, daß es in seiner Umgebung zehn Grad unter Null hat und die Stewardeß auf das ausgelöste Alarmsignal waagrecht in der Luft durch die Maschine hetzt.

Nach der Ankunft in Nürnberg zahlt der Reisende für Parfüm, Zigaretten und Kognak noch eine Zollstrafe in Höhe von hundertzwanzig Mark und sagt zu seinen wartenden Angehörigen: „Gscheid schbeier hobbi mäin, kann Fensderbladz hobbi g'habd, in Baris gibds kanne Broudwerschd und es nexd mool werd widder middn Schielein gfoorn."

Überlebenstraining in der Wüste vom Schmausenbuck

Der Erich ist ein Spezialist für Marktlücken und so hat er heuer im Frühjahr in verschiedenen Fachblättern inseriert, daß er für einen kleinen Unkostenbeitrag von fünftausend Mark aus ganz normalen Hampelmännern im Handumdrehen geländegängige Reinhold Messners macht. „Für streßgeplagte Manager", hatte er versprochen, „biete ich ein Sensationsprogramm: 10 Tage Überlebenstraining in der Wildnis. Anreise frei, Ausrüstung wird gestellt." Er selbst stellte sich als ein „in allen Dschungeln der Welt erprobter Wildnismann" der Kundschaft vor.

Trotz der Sensation war der Andrang für die 10-Tages-Reise in den Urwald nicht überwältigend: Ein Straßenbahner und zwei kaufmännische Angestellte erschienen in dem Restaurant, wo dann Näheres mitgeteilt werden sollte. Der zweite Treffpunkt war jetzt das Amtsgericht, weil das tatsächliche Angebot mit der versprochenen Leistung doch nicht so ganz mithalten hat können. „Mir hom", erinnerte sich der Otto, einer von den drei zukünftigen Dschungelmännern, „als erschdes an suu an glann Blasdigg-Kombaß gräichd, wou ba der Gwelle zwaa Marg fuchzich kosd, a glanne Duum mid anner schdingerdn Salm drinner geecher Moskiddo und a

121

Landkarddn vo Afrigga. Und nou hommer an Dausnder Vorschuß zooln mäin."

Die tausend Mark zahlte aber nur der Otto, während die beiden anderen Herren nach Empfang der sensationellen Ausrüstung auf das Überlebenstraining verzichteten. „Er hodd nou gsachd", erzählte der Otto weiter, „daß des nix machd, wemmer nerblous zu zweid sin, wall nou konner si besser aff mich konzendriern."

Zur Vorbereitung auf die Regenwurm-Safari legte dann der Erich noch ein kurzes Trainingslager im Reichswald fest. Es handelte sich dabei um eine Nachtwanderung mit zweifachem Zweck. Erstens wollte der Erich seinem Kunden verschiedene Angstpsychosen in Verbindung mit der Einsamkeit in der Prärie austreiben und zweitens waren die nächsten tausend Mark fällig. „Mir hom uns", sagte der Otto, „korzz vuur Middernachd am Schmausnbugg droffn und iich hob die Ausrisdung miidbringer mäin, hodder gsachd. Aa die Muggn-Salm, obwohls am Schmausnbugg ibberhabbs kanne Moskiddo gibd. Nou simmer in Richdung Brunn gloffn und dauernd an die Baim hii ghudzd, walls suu finsder woor. I glaab a Daschnlambn wär gscheider gween, wäi die Moskiddo-Salm. Korzz vuur Brunn hobbi nou mein zweidn Dausnder zooln mäin – und aff aamol binni mudderseelnallans im Wald gschdandn!"

Erst nach vier Stunden Todesangst ist der Otto ziemlich ramponiert in der Nähe von Laufamholz wieder in die Zivilisation getaumelt. Der Erich ist drei Wochen später in diesem Restaurant festgenommen worden, wie er an vier Herren gerade ihren Kompaß und die Tube Moskito-Salbe verteilte. Wegen Betrugs wurde er zu einer Freiheitsstrafe von sieben Monaten verurteilt. „Obber i mechd schon biddn", sagte der Erich nach dem Urteil zu seinem Prozeßgegner Otto, „dassi nou weenigsdns mei Ausrisdung widder gräich." „In Kombaß", sagte der Otto, „konnsd widder hoom. Obber die Moskiddo-Salm brauchi, wall däi hobbi ba mir im Abodd drinner hänger weecher die Muggn."

Der Urlaubshändler

Eines kann man dem Manfred nicht vorwerfen, nämlich daß er keinen Einfallsreichtum hat. Am Amtsgericht kennt man ihn schon aus den Gründerjahren seiner verschiedenen unternehmerischen Tätigkeiten.

Einmal hat er in einem kleinen Möbelgeschäft einen Räumungsverkauf durchgeführt und aus Versehen vergessen, dem Inhaber Bescheid zu sagen. Kurz danach hat er in der Vorstadt einen sehr schwunghaften Gemüsehandel betrieben, wobei die dazu notwendigen Rettiche, Radieschen und Kohlrabi nicht vom Großmarkt, sondern aus den verschiedensten Schrebergärten der ganzen Stadt stammten.

Trotz sehr schöner Vorstrafen hat aber der Ideenreichtum vom Manfred nicht nachgelassen und er ist jetzt wieder vor dem Richtertisch gestanden.

„Desmool", sagte der Manfred, „desmool konni obber wergli nix derfiir, Herr Richder. Wall wäi iich den Dschobb dou in dera Zimmerei gräichd hob, dou hobbi mer dengd, Mambfred, hobbi mer dengd, des is a schäine Ärwerd, dou bleibsd sauber."

Ein Teil der Buchhaltung war ihm unterstellt und die Urlaubskontrolle. „Ner ja", sagte der Unterbuchhalter jetzt, „nou is glei in die erschdn Dooch der Bolier kummer und hodd gsachd, dasser drei Wochn nach Mallorga fährd und dassis in die Kardei eidroong soll. Der Masder wass scho Bescheid. Edzer hodd der obber blous nu drei Dooch Urlaub g'habd – und dou frooch ich Sie, Herr Richder, wäi willdsdn mid drei Dooch Urlaub drei Wochn nach Mallorga foorn?"

Es ging sich dann aber schon aus und zwar mit Hilfe eines Kastens Bier seitens des Poliers und eines Radiergummis seitens des Manfred. Und damit begann die Karriere vom Manfred in einer völlig neuen Branche, nämlich Groß- und Einzelhandel mit Urlaubstagen.

Nachdem die Bierkästen im Lauf der Zeit schneller eingingen, als sie der Urlaubshändler trinken konnte, setzte er Fixpreise fest. Der Tag Sonderurlaub kostete zwanzig Mark und so war der Betrieb mit seiner großzügigen Freizeitregelung allen gewerkschaftlichen Forderungen weit voraus.

Leider ist die Tarifautonomie vom Manfred dann aufgekommen, wie er einen Gesellen aus der Schreinerei-Abteilung acht Wochen alten Urlaub verordnet hat. Der hat aber gar keinen alten Urlaub haben können, weil er erst seit einem Vierteljahr in der Firma war.

Das hohe Gericht erkannte die soziale Pioniertat vom Manfred nicht an und verurteilte ihn zu sechs Monaten staatlicher Vollpension.

„Seeng'S, Herr Richder", sagte der Angeklagte nach dem Urteilsspruch, „des is es gleiche, wos iich gmachd hab. Blous hob iich die Laid nedd in die Mannerdschdrass, sondern nach Mallorga gschiggd."

Wie man komfortabel ins schöne Altmühltal kommt

Der Friedrich betreibt einen kleinen Schleichhandel mit ver- und gebrauchten Autos, wo sich die Kundschaft schon seit längerem so verhält wie ein leichter Sommerregen. Sie tröpfelt. Deswegen ist der Rostkutscher über jeden Interessenten, den er im Umkreis von hundert Metern an seinem Geschäft vorbeilaufen sieht, froh und sofort bereit, mit ihm ein Fachgespräch anzuknüpfen.

So ist an jenem Samstag früh auf der anderen Seite der Straße der Alwin vorbeimarschiert, mit Haferlschuhen ausgerüstet, Bundhosen, einem kleinen Rucksack am Buckel und mit einem Spazierstock bewaffnet.

Wie zufällig ist der Friedrich plötzlich neben ihm aufgetaucht, hat den Alwin um Feuer gebeten für seinen ausgegangenen Hugo und hat dann noch beiläufig hinzugefügt, daß Wandern und Zu-Fuß-Gehen höchstens des Müllers Frust ist und daß er einen so gut wie neuen 190er D praktisch für ein Spottgeld anzubieten habe.

„Zerschd", sagte der Friedrich jetzt vor Gericht, „hodder Null Indresse g'habd an den Mazzedes. I hob nou nu a weng rumgaaferd und hob scho aafgeem wolln, und aff amol froochder mi, ob mer vielleichd a weng a Brobefardd machn kenndn. Nou hobbi mer dengd, hobbla Fritz, hobbi mer

125

dengd, dou leffd haid nu a Gschäfdla. Also simmer niiber aff mein Bladz und eigschdiing in den Hunderdneinzger".

Der Alwin fuhr zügig durch die Stadt in östliche Richtung, lobte den Wagen über alle Maßen und fragte, wie sie schon auf der Münchner Autobahn waren, nach dem Preis. „Soong mer, walls Sie sin", schlug der Friedrich vor, „zwelfdausnd-fimbfhunderd."

„Sie hom ja an Schlooch", korrigierte der Alwin das Angebot am Rasthaus Feucht, „dou gräichi ja an Neier drum".

„Mei ledzds Angebood", sagte der Friedrich an der Ausfahrt Allersberg, „neunahalbdausnd Marg. Und edzer bisd suu goud und gäisd vo der Audoboon roo, wall bis Salzburch langd mer mei Schbridd nedd".

Die Bitte um Rückkehr war an der Ausfahrt Greding erfolgt und der Alwin verließ befehlsgemäß die Autobahn und jagte den altersschwachen Mercedes in Richtung Eichstätt. „Fimbfdausnd Märgla", sagte er, „und kann Bfenning mehr".

Der Friedrich lachte gequält, der Benzinanzeiger war schon fast auf dem Nullpunkt, und kurz vor Eichstätt bog der Alwin auf einen kleinen Parkplatz ab, nahm Rucksack und Spazierstock vom Rücksitz und sagte, daß er das Auto auch nicht für fünfzig Mark kauft und daß er in einer Stunde seine Kumpel am Bahnhof trifft zu der Zweitageswanderung durch das schöne Altmühltal.

Die anschließenden Handgreiflichkeiten überstand der Wandersmann dank seinem Spazierstock ohne weiteres. Juristisch konnte nicht eindeutig geklärt werden, ob die Freifahrt ins Altmühltal ein Betrug war, und das Verfahren gegen den Alwin wurde eingestellt. „I hobs mer edzer doch iiberleechd", sagte der Alwin beim Ausmarsch aus dem Gerichtssaal, „iich nimm den Mazzedes – gräigsd mein Schbazierschdogg derfiir."

126

Der Hund Wotan und die betenden Hände

Eigentlich müßte der Alfons mit Künstlernamen so ähnlich heißen wie Alphonso de la Trottoir. Er gehört nämlich zur Zunft der Künstler, die ihre Werke in der Fußgängerzone aufs Pflaster malen und im Namen von Michelangelo, Dürer oder Leonardo da Vinci um mildtätige Gagen bitten.

Der Alfons stammt aus Fürth und ist mit seinem Publikum in Nürnberg sehr zufrieden, weil es sehr freundlich ist. Fröhlich spuckt ihm hin und wieder ein kunstsachverständiger Betrachter ins Antlitz der Madonna, ein anderer will die Polizei alarmieren und den Hinweis, daß er sich waschen soll und die Haare schneiden lassen, ist ihm wegen der Häufigkeit sehr vertraut. Aber der Alfons dient der Kunst und schweigt.

Im Herbst ist es jedoch zu einer kunstwissenschaftlichen Auseinandersetzung gekommen, wo es um den Ruf von Albrecht Dürer gegangen ist und ein deutscher Schäferhund eine sehr unrühmliche Rolle gespielt hat. Dieser Hund hat vor Albrecht Dürer eine gewisse Respektlosigkeit gezeigt und es war ein Fall für das Amtsgericht.

127

Der Hund hat auf den Namen „Wotan" gehört und ist von seinem Gebieter namens Herbert in der Fußgängerzone Gassi geführt worden. Drei oder viermal haben die zwei dem Alfons beziehungsweise dem Albrecht Dürer seine betenden Hände umrundet. „Horch amol, du Moolerszibfl, du bläider", begann der Herbert dann mit seiner Kunstkritik, „wenn dou a jeeder mid seiner Greidn ummernanderschmiern mecherd, nou schauerd unser Schdadd schäi aus! Des ist doch a Sauerei!" „Und wenn a jeeder sein Wolf dou rumlaafn lasserd", antwortete der Alfons in aller Ruhe zwischen zwei gekonnten Kreidestrichen, „und der hebd iiberool sei Baa, nou is des woorscheins nu a gräißere Sauerei wäi a Bild vom Dirrer, odder?"

Daraufhin betrat der Herbert samt seinem „Wotan" das Dürer-Bild und radierte mit dem Schuhabsatz den Daumen der betenden Hände aus. „Suwos", sagte der Alfons als Zeuge vor Gericht, „suwos is mer ja gwöhnd. Obber aff aamol hodd den sei Hundsgribbl es Buggerla grumm gmachd, hoggd si aff mei Bild draff und driggd middn nei einen Kaggdus, daß di schbeier häsd kenner. Also suwos habbi nunni derlebd, Herr Richder. Daß manche vo der Kunsd nedd vill haldn, des wass mer ja. Obber daß glei draff scheißn, des is fei scho a weng a Hammer!"

Der Alfons befahl dem Herbert, daß die betenden Hände sofort von der übelriechenden Kunstkritik befreit werden müssen, andernfalls zeigt er ihn an. Daraufhin schlug der die Ordnung, Ruhe und Sauberkeit über alles liebende Herbert mit der Hundeleine zu, während der Wotan mit dem Hut vom Alfons und den darin befindlichen milden Gaben im Maul davonrannte.

Wegen Körperverletzung und Beleidigung wurde der Herbert zu einer Geldstrafe von 2400 Mark verurteilt. „Der Hund vo den", sagte ein kunstsachverständiger Zuhörer hinten im Gerichtssaal, „des woor ein Exbressionisd. Wall der hodd aff dem Bild was ausdriggt."

Die höhere
Mathematik
im Bankwesen

Im Grunde genommen ist der Paul ein Mensch, der den technischen Fortschritt schätzt. „Ohne den Fordschridd", pflegte er am Stammtisch die Wissenschaft und die Technokraten zu preisen, „dou hoggerdn mir doch nu als Affn aff die Baim droomer und däädn Erdniss fressn."

Durch verschiedene Ereignisse im höheren Bankwesen ist der Paul aber momentan einem Umdenkungsprozeß unterworfen sowie einem kleinen Gerichtsprozeß wegen Sachbeschädigung und Beleidigung. Es begann damit, daß eines Tages auf dem Paul seinem Konto sechshundert Mark abgebucht waren, und er wußte nicht warum.

Sein Kontoführer in der Bank heißt mit Vornamen Waldemar und der sagte ihm nach einer dreitägigen bankinternen Fahndung: „Doud mer leid, obber des is a Verseeng von unsern Kombjuder gween. Dou schdeggsd hald aa nedd drinner, gell!"

Die Fehlbuchung brachte der Computer sofort in Ordnung und drei Tage später bereits erhielt der Paul einen Konto-Auszug, demgemäß er über Nacht gewissermaßen zum Millionär geworden war. Es waren neunhundertachtzigtausend Mark im Haben verbucht. „Normool", sagte der Paul noch ganz ruhig zu seinem Kontoführer, „normool mäißerdi ungefähr värzg odder fuchzg Marg am Kondo hoom."

Nach zwei Tagen war alles geklärt. „Doud mer leid", sagte wieder der Banker Waldemar, „obber des is a Verseeng vo unsern Kombjuder. Dou schdeggsd hald aa nedd drinner, gell!" Das war an einem Montag und schon am Mittwoch erhielt der Paul einen neuen Konto-Auszug.

Jetzt hatte er 1,6 Millionen Mark Schulden, und es war ein Schreiben beigefügt, daß er den eingeräumten Kreditrahmen von dreitausend Mark überschritten hat. Als nächstes wurden dann Sollzinsen angemahnt ungefähr in Höhe von hundertsiebzigtausend Mark. Soviel hatte der Paul gerade nicht einstecken und er suchte erneut das Zwiegespräch mit seinem Kontoführer.

In verdächtiger Ruhe sagte der Paul: „Horng S' amol, wou schdäid den eingli der Kombjuder?" Untertänigst wieselte der Waldemar mit seinem Kunden in den ersten Stock und zeigte ihm einen Teil der Computer-Anlagen. „Des is unser Brachdschdiggla", sagte der Waldemar, „manchmol machder hald aa nu Fehler. Obber dou schdeggsd hald nedd drinner, gell!"

„Wos andersch", schrie der Paul eingedenk seiner 1,6 Millionen Mark Schulden, „wos andersch wäi des bläide ‚dou schdeggsd hald nedd drinner' fälld dir Doldi gwiss nedd ei. I glaab, du bisd aa scho a weng a Robodder, hä?"

Danach schubste der Paul seinen Kontoführer, daß er mit lautem Scheppern in die Computeranlage krachte. Und dazu sagte er: „Sooderla, edzer schdeggsd hald scho in dein Scheiß-Kombjuder drinner, gell!"

Der Paul wurde zu einer Geldstrafe von 750 Mark verurteilt. „Wenn Ihr dou am Grichd", verabschiedete er sich, „vielleichd aa an Kombjuder hobd, nou werri woorscheins a Rechnung vo siemerhalb Millioner Marg gräing. Wall, dou schdeggsd hald nedd drinner, gell!"

Die Probleme der Kernphysik (I)

Wer im Mai von lieblichen Lüften umhüllt und mit einem unbestimmten Summen im Kopf auf einer Bank im Stadtpark oder im Schutz eines Randsteines vor irgendeinem Bräustübl aufwacht, hat gemäß der Wahrscheinlichkeitsberechnung eine Maifeier besucht. Er wird dort überschlägig fünfzehn Glas Maibowle, sieben oder acht Kristallweizen und eine Flasche Kognak getrunken und unter anderem das Lied gesungen haben „Wohlauf die Luft geht frisch und rein" und so weiter.

Man ist damals noch vollkommen blödsinnig mit einer Botanisiertrommel durch die Landschaft gehastet, statt wie jetzt in aller Ruhe und Beschaulichkeit mit einem Geigerzähler.

Dabei handelt es sich um die fränkische Nationalhymne des Dichters Victor von Scheffel, der im vergangenen Jahrhundert schöne Trinklieder verfaßt hat und dem von einem Atomkraftwerk im fränkischen Grafenreinfeld noch nichts geschwant hat. Geschweige denn von der unheimlichen Sicherheit eines solchen umweltfreundlichen Kernreaktors.

In Rußland soll jetzt so ein Grafenreinfeld irgendwie explodiert sein, und in gewissen radikalen Kreisen der Bevölkerung wird nun verbreitet, daß die Luft wegen irgendeiner radioaktiven Wolke weder wohlauf, noch frisch und rein ist. Auch soll gemäß diesen Aufrührern die Frage, ob der Schnelle Brüter in Kalkar ans Netz geht, wesentlich wichtiger sein, als das weltweite Problem, ob Boris Becker ans Netz geht. Diesen Elementen soll man ganz klar sagen: Entweder wir wollen einen Fortschritt, oder wir wollen keinen.

Außerdem können wir im Fall von Grafenreinfeld oder Wackersdorf dank unserer Wissenschaftler und Politiker völlig unbesorgt sein. Sie haben für uns Kernkraft-Deppen die Wahrscheinlichkeitsrechnung erfunden. Wir wiegen uns in Sicherheit, wenn wir hören, daß bei uns eine Explosion oder eine radioaktive Verseuchung gemäß dieser Wahrscheinlichkeitsrechnung nur einmal in einer Million Jahre stattfinden kann. Für den Fall, daß dieses eine Mal schon nächste Woche ist, treten unverzüglich die bei einer Maifeier (fünfzehn Glas Maibowle, acht Kristallweizen, eine Flasche Kognak etc., siehe oben) präzis ausgearbeiteten Schutzmaßnahmen für die Bevölkerung in Kraft.

An Stelle der nicht mehr ganz zeitgemäßen Aktentasche, die früher vortreffliche Dienste leistete bei Detonationen von Atombomben, soll man jetzt in der Wohnung bleiben, die Rolläden runterlassen, Jodtabletten essen, Ruhe bewahren und den Wetterbericht hören. Am besten Ruhe bewahren kann man bei einer Strahlendosis von tausend Rem, bei der man vollkommen ruhig im Sinn der Staatsräson das Zeitliche segnet.

Weiterhin spielt die Zeit eine außerordentlich wichtige Rolle. Zum Beispiel kriegt man von diesen Strahlungen Leukämie. Es ist Blutkrebs und mit ihm fühlen wir uns wohl, denn er schlummert fünfzehn Jahre lang im Körper, ohne daß wir einen Hauch davon merken. Angenommen, jemand verläßt im Fall einer an sich harmlosen Atomkraftwerkexplosion im Alter von fünfundneunzig Jahren seine Wohnung, dann erreicht er trotz Leukämie das biblische Alter von einhundertzehn Jahren. Was will man noch mehr.

Wer sich über die Schutzmaßnahmen noch weiter informieren will, kann beim Bundesforschungsminister Zwerghuhn eine in fränkischer Übersetzung vorliegende Broschüre anfordern mit dem Titel „Zwaatom sind besser als Atom".

Wer nun immer noch Angst hat und meint, wir sitzen hier zwischen Wackersdorf und Grafenreinfeld in der Zwickmühle, dem soll man noch zwei Dinge zur Beruhigung mitteilen. Erstens opfern sich Polizisten zum Beispiel in Wackersdorf nur für unsere Sicherheit auf und bespitzeln Bauern, Brennstäbe und andere Unsicherheitsfaktoren Tag und Nacht. Und zweitens, ob hundert Rem oder tausend, ob Hau, GAU oder Schlau, Restrisiko und Wahrscheinlichkeitsrechnung – sterben müssen wir wahrscheinlich sowieso.

Die Probleme der Kernphysik (II)

Bisher hat man es nur ahnen können, aber es war nie eine vollkommene Sicherheit, daß unsere Politiker in Stadt und Land höhere Wesen sind. Daß ihnen der Verstand im Kopf förmlich überschwappt, hat man schon in früheren Zeiten vielfach gehört, daß sie die Weisheit mit den Schöpflöffeln gefressen haben und uns Halbidioten zu Recht regieren. Wir wissen auch nebelhaft, was von dem Sprichwort „Wem Gott ein Amt gegeben hat, dem hat er auch den Verstand gegeben." Seit der geordneten Bekämpfung der Atomstrahlen von Tschernobyl steht fest, daß diese politischen Würdenträger und Krisenstäbe wahrscheinlich Gott selber sind. Anders kann man sich die Weisheit und den flächendeckenden Überblick beim realen Katastrophenschutz in diesen Tagen überhaupt nicht erklären. In manchen Fällen muß man fast schon von hundertprozentiger Allwissenheit sprechen.

So hat jetzt unser Bundesinnenminister, der über eine große Erfahrung beim Schwören verfügt, geschworen, daß der ganze Schmarrn mit den Strahlen ein Krampf ist. Wir sollen uns nicht verrückt machen lassen von den atomaren Nestbeschmutzern und nächstes Jahr wieder CSU wählen. Alles andere ist Panikmache und wir kommen durch sie nicht in den Himmel. Man kann seine Rede in die fränkische Spruch-Weisheit zusammenfassen „Wossi nedd waaß, machd mi nedd haaß".

Gelungene Beispiele göttlicher Eingebung erleben wir aber nicht nur in Bonn, sondern Gott sei Dank auch bei uns vor der Haustür. Also an jener Stelle, wo wir nach einem Spaziergang durch Caesium, Strontium oder anschmiegsames Plutonium unsere Schuhe ausziehen und hinstellen sollen. Nach einer kleinen Karenzzeit von vierundzwanzigtausend Jahren sind von diesen Schuhen die Strahlen bereits wieder abgefallen wie nichts und wir können sie wieder anziehen oder in die Kleidersammlung geben.

Auch steht zum Beispiel im Fall von Nürnberg jetzt hundertprozentig fest, wie lange die Strahlung aus Tschernobyl, die es ja so gut wie gar nicht gibt, noch andauert. Es dreht sich um genau vier Wochen. Wir wissen es daher, weil der Trempelmarkt wegen der Radioaktivität um vier Wochen verschoben worden ist. Es scheint, daß sich die Strahlen genau auf die Fläche von diesem Trempelmarkt verteilt haben. Sie halten sich dort also noch bis zum 6. Juni auf und verschwinden dannn wieder auf Weisung vom Oberbürgermeister. Weiters wissen wir noch, daß es in Franken völlig verschiedene Arten von Wiesen gibt hinsichtlich der Strahlen. In manchen Wiesen braucht der Chef vom Ordnungsamt nur scharf hinschauen, schon sind die Strahlen verschwunden, und man kann sich in ihnen wälzen und wird hundert Jahre alt. Im Westbad wiederum dauert die Verseuchung zwei Wochen, am Wöhrder See eventuell dreißig Jahre und bereits auf einer Liegewiese in Langwasser wahrscheinlich dreihunderttausend Jahre.

Selbstverständlich haben inzwischen auch wir hier einen Krisenstab, wo uns der zuständige Leiter ein schönes Beispiel von der Harmlosigkeit der Strontium-Affäre gibt. Er ist im Urlaub.

Wer trotzdem Angst hat, soll sich an folgende Befehle von unseren Katastrophenpolitikern halten: Keinen Salat essen, den Genuß von frischer Milch vermeiden, alle zehn Minuten duschen, viel Salat essen, nicht mit Wasser in Berührung kommen, auf keinen Fall im Sandkasten spielen, viel frische Milch trinken, möglichst viel auf Sand laufen beziehungsweise keinen Sand essen und sich nicht mit frischer Milch duschen und sich bei einem Gewitter auf keinen Fall unter eine Salatstaude unterstellen und mit Gemüse spielen. Es ist außerordentlich gefährlich beziehungsweise völlig harmlos.

Und wer trotzdem auf den Trempelmarkt möchte, der nicht stattfindet, soll wegen der Strahlung etwa in zwanzig Zentimeter Höhe über dessen Gelände darüberschweben. Dieses Schweben beherrschen allerdings nur unsere Politiker. Sie haben es von Jesus übernommen.

Hinderhuuf-Blues

Baggschdaa bis naaf am Himml
Brennessln hinder die Kulln
Ausn Kehrichd wächsd der Schimml
Und es schdingd aus der Dulln

Schäine, graue, dreggerde
Rumblkammer
Edzer hommer
A Reihenhaus
Dou schaud anns wäis
andere aus
Anns wäis andere aus

Kaddln am Feieroomdbängla
Schbill hald die Roud-Sau raus
Nachdfalder am Bedroleum-Lämbla
Die Schellnsau frisd die Fledermaus

Underm Hooserschdall Kellerassln
Glühwirmla im Hollerbusch
Nachds wenn die Babbln raschln
Douds mi oo nach den aldn Gruusch

Schäine graue, dreggerde
Rumblkammer
Edzer hommer
A Reihenhaus
Dou schaud anns wäis andere aus
Anns wäis andere aus

Eine Radarfalle ist kein Bratwurstgrill

In Indien hat man die Kuh und ähnliche unantastbare Vierbeiner, bei uns ist es die Staatsgewalt. Wenn auch nicht kanonisch verankert, ist sie doch heilig und wer gegen sie vorgeht oder diese Staatsgewalt mißbraucht, ist verloren. Der Egon kann ein Lied davon singen, denn er ist gegen die Staatsgewalt ausfällig geworden, nur weil er von einer unstillbaren Sammelleidenschaft von technischen Errungenschaften besessen ist. Und jetzt hat er es vor Gericht näher begründen sollen, warum er einer Polizeistreife mitten im aufopfernden Kontrollieren der Geschwindigkeit das Radargerät gestohlen hat.

Wie man weiß, dreht es sich bei dieser Radarfalle um eine Art Gewittermaschine: Erst blitzt es und dann wird man verdonnert. Die zwei Polizei-Trapper beziehungsweise Fallensteller haben also an einem Donnerstagnachmittag gut versteckt mit ihrem Auto in einer Toreinfahrt gelauert und zehn Meter weiter weg ist das drahtlose Kontrollgerät gestanden. Dummerweise war an diesem Donnerstagnachmittag aber auch Entrümpelung und der verlängerte Arm der Staatsgewalt ist von allerlei anderem Gerümpel wie alten Autoreifen, Abortschüsseln, Sprungfedermatratzen und kaputten Fernsehern umgeben gewesen.

„Dou bin ich", sagt der angeklagte Egon, „an den Dooch mit mein glann Ladderwäächala dorddn vobbei ganger, wall Sie glaam ja goornedd, Herr Richder, wos haizerdooch ba uns alles wechgeschmissn werd. Und iich samml vo der glennsdn Schraum bis zum Gasherd braggdisch alles. Wos in mei Ladderwäächala neigäid, werd miidgnummer!"

Gegen die Mitnahme von alten Gasherden oder verrosteten Schrauben, meinte der Richter, wäre ja auch nichts einzuwenden, aber in diesem Fall handelt es sich um ein nagelneues Radarmeßgerät von der Polizei um vielleicht zehntausend Mark. „Ja, Sie sin ja nerrisch", entfuhr es dem Egon, „zehadausnd Marg! Und däi hob iich aff mein Ladderwäächala draff g'habd. Dou leggsd mi am O . . . ouh, Endschuldichung, des wolldi nedd soong."

Und dann fuhr er fort: „Obber des Ganze woor doch ein Irrdum, Herr Richder. Des hobbi doch däi Bolli scho gsachd, wäis mi am Schlaffiddla in ihr Audo neizuung hom. Wall des woor suu – iich laaf dou mid mein Wäächala den Gehschdeich endlang und schau mer den Grembl oo und aff aamol sichi des Gerääd neeber an aldn Sofa schdäih. Und wäi iich des vo alle Seidn oogschaud hob, kummd a anderer Schudd-Googerer derheer und sachd, des is a Infraroud-Grill. Nou hobbi mer dengd, an suu an Grill konni ganz schäi zon Broudworschd-Broodn in mein Garddn braung und hob nern aff mei Wäächala draff. Und zwaa Minuddn schbeeder hommi scho däi zwaa Bolli baggd."

Nach einer längeren Denkpause des Gerichts wurde der Egon unter starken Vorbehalten allerdings freigesprochen. „Iich hädd ja", sagte der Egon noch, „des Drimmer Ding goornedd braung kenner. Odder häddi vielleichd vo meine Broudwerschd odder an Koddledd die Geschwindichkeid messn solln!?"

Zahnärzte wollen auch leben

Am Alfons hatte der Zahn der Zeit genagt, und zwar direkt an den Schneidezähnen. Infolge Karies und verschiedener erlittener Schelln bei kleineren tätlichen Auseinandersetzungen hingen dem freiberuflichen Lebenskünstler drei Zähne oben und zwei unten praktisch am seidenen Faden. Eine Rettung, so erfuhr der Alfons, ist nur noch über den Umweg einer kleinen Behelfsbrücke möglich und alles in allem kostet es eine Selbstbeteiligung von dreitausend Mark. „Soll des", fragte der Alfons nach dem Kostenvoranschlag, „soll des a Briggn iibern Mississibbi wern odder iiber meine Zooluggn?"

Der Doktor blieb aber bei seinem Preis und der Alfons willigte schließlich in die Reperaturarbeiten ein. Nach zwei vorbereitenden Sitzungen hätte der Alfons auf dringenden Wunsch des Zahnarztes wenigstens ein Drittel der Kosten als kleine Sicherheit im voraus entrichten sollen. „Obber iich woor dou", sagte der Patient jetzt zum Amtsgericht, „a bissla schwach aff der Brusd. Beziehungsweise in der Brusddaschn. Und nou hobbi gsachd, dassi es nexd Mool an Dausnder miidbring."

Bei der dritten Inspektion entfernte der Herr Doktor dem Alfons erst das Provisorium über seinen Zahnlücken und erkundigte sich dann nach der fest versprochenen Vorauszahlung. „Graidschdunnerwedder numol nei", murmelte der Alfons und wühlte dabei in seinen Jackentaschen, „den Dauschnder mouschi edscher doch gladd vergeschn hoom dahamm. Nerja, nou bringin hald esch neggschde mool miid, odder?" Das starke Zischen kam daher, daß dem Alfons die vorderen Zähne außer ein paar abgeschliffenen Stumpen inzwischen ja fehlten und das Provisorium am Beistelltisch lag.

Von einer weiteren Stundung der tausend Mark wollte der Zahnarzt aber nichts mehr wissen. Die unerbitterliche Alternative hieß: Zahlen oder zahnlos bleiben. „Schdelln S' Ihna amol vuur Herr Richder", sagte der Alfons, „zäichd mer der es Lädzla under der Goschn wech und sachd in aller Rouh, i soll mi schleing und wenni es Geld hob, nou werd weider gmachd. Nedd amol des Broffisorium hodder mer miidgeem. Zwaa Marg hobbi nu eischeggn g'habd. Dou hobbi mer nou an Kaugummi kaffd und den hobbi in meine Zooluggn neidriggd, daß mers nedd sichd. Obber des is doch ka Dauerlösung, odder?"

Der Zahnarzt mußte wegen der Nötigung eine Geldbuße von zweitausend Mark entrichten. Außerdem muß er den Alfons weiterbehandeln.

Am Schluß wollte der Richter nur noch wissen, wo die derzeitigen Schneidezähne vom Alfons her sind. „Ja, des is asuu", sagte der, „a Freind vo mir hodd aa a Briggn gräichd und den seine is scho ferddich. Der hodd mer edzer derwalln sei Broffisorium gleihd, gell!"

Jetzt kommen die alten Zeiten wieder

Rein von der Beredsamkeit her ähnelt der Otto mehr einem Fisch. Er hat den Mund zum Luftschnappen, zum Essen und zum Zähneputzen und sonst hält er sich an das Sprichwort, daß Schweigen Gold ist und Reden höchstens Altmetall. Hingegen ist der Helmut das, was man in Gostenhof und Umgebung zärtlich einen Waffelbeck nennt. Er redet beim Gehen und Stehen, im Schlaf, am Clo und im Wirtshaus und wenn er den Mund voll hat. Er teilt den Menschen gern seine wichtigen Gedankengänge mit. Ein Problem ist es aber nur geworden, weil ausgerechnet der stumme Fisch und der Waffelbeck mit dem Gänsarsch im Mund eines Tages aufeinandergetroffen sind.

Vor Gericht hat jetzt geklärt werden sollen, ob die zwei Schelln vom Otto unumgänglich waren oder nicht. In der U-Bahn saßen sich damals die zwei verschiedenen Herrn gegenüber. Der Helmut blätterte ganz kurz in der Zeitung und sagte dann zum Otto wie aus einem Guß: „Ja, homs edzer des gleesn Herr Nachber mid dera Demonschdrazion dou geecher die Soldoodn, demonschdriern mecherdn däi dassi fei nedd lach däi g'hern fiir miich ins Arbeizloocher däi langhooradn Dreegbarddl wou kummer mer denn dou hii odder wos soong Sie bis zon Hals in Sand neigroom und in

Kubf wechgschdolberd dou doud mer doch nedd lang rum." Diese schönen und von tiefem Mitgefühl für Minderheiten zeugenden Reden dauerten bis zur Lorenzkirche, wo der Otto ohne ein einziges Wort ausstieg, obwohl er eigentlich bis zur Stadtgrenze fahren wollte.

Der Helmut stieg auch aus und fuhr, mit dem Maschinengewehrmund nur zwei Zentimeter vom Otto seinem Ohr entfernt, in seiner Rede fort. „Schauers hii Herr Nachber dou hoggd widder anner und häld sei Händ aaf zer faul zon Ärwern däi Verbrecher und mir zoolns mid unsere Schdeuern und nou sollerd mer nu a Fuchzgerla in Houd neischmeißn und derfiir iiberfallns nou nachz nu unsere Weiber bfuideiflnaa und bsuffn sins bis iibern Oorsch noo kann Bfenning gibberdi den wou simmer denn ibberhabbs an Hiddler braucherd mer widder nou sins wech von der Schdrass und schmiirn nedd in ganzn Dooch unsere Bflasderschdaaner mid ihra Greidn vull däi Wilzai dou schiddlds mi ganz."

Während der Otto wie ein gehetztes Reh durch Nebenstraßen, Gassen und dunkle Gänge rannte und statt in Richtung Stadtgrenze schon mehr zum Burgviertel orientiert war, plärrte der Helmut immer auf Tuchfühlung interessante Sachen von teuflischen Sozialisten, von den Kriegsdienstverweigerern, die nichts anderes sind wie im Mittelalter die Pest, von dringend notwendigen Konzentrationslagern, von den schönen Zeiten in der Waffen-SS und ähnlichen Wohltaten an der Menschheit. „Nou binni", sagte der Otto vor Gericht, „aff aamol in anner Saggschdrass gween, i hob nimmer vuur kennd und nimmer zrigg und der fängd grood oo zon Singer ‚Die Fahne hoch, die Reihen dicht geschlossen' und nou hobbin links und rechds anner aff die Waffl naafg'haud."

Das Verfahren gegen den Otto wurde eingestellt, während der Helmut schon wieder waffelte: „Mid dera Sorddn vo Richder dou mous aa korzzer Brozess gmachd wern dou denner mir..."

Die Realität in der Kunst

Kunst ist ein außerordentlich kontroverses Fachgebiet. Man sieht es schon allein daran, daß zum Beispiel hundert Kilo Margarine einerseits Kunst sein können im Wert von einer Viertelmillion Mark, andererseits aber auch ein Brotaufstrich, das Pfund zu einer Mark und fünfundzwanzig.

Auch der Otto weiß jetzt, daß die Kunst zwei Seiten hat. Er hat deswegen in der Unfallklinik ambulant behandelt werden müssen. Am Amtsgericht hat er jetzt als Zeuge geschildert, wie er heuer im Sommer einer Gruppe von Düsseldorfer Geschäftsfreunden die Nürnberger Altstadt gezeigt hat.

Nach schönen Beispielen der Nürnberger Braukunst haben die Düsseldorfer auch die moderne Kunst kennenlernen sollen, und der Otto hat es ihnen am Beispiel des Plastik des Hasen am Tiergärtner Torplatz erklären wollen. „Es dreed si dou derbei", sagte der Otto, „um eine eigenwillige Arbeid iiber den original Hoosn vom Albrecht Dürer. Der Künstler will mid sein Hoosn ausdriggn . . .“

In dem Moment wurde der Otto von einem Herrn unterbrochen, der mit einer Flasche Rauchbier in der Hand dort schon aufmerksam gelauscht hatte. Es war der Hans-Georg, der von Kunst wieder eine andere Auffassung hatte. „Wos hassd dou ‚ausdriggn‘", sagte der Hans-Georg laut und vernehmlich, „der sogenannte Kinsdler, der konn vielleichd an Biggl aff der Noosn ausdriggn! Des is nedd in Dirrer sei Hoos, sondern eine fedde Wilzau!!"

Da hakte dann der Otto wieder ein. „Gouder Moo", beschwichtigte er den Kunstkritiker, „des is doch nedd in Albrechd Dürer sei Hos. Des mäin S' doch symbolisch seeng. Der Kinsdler will dermiid soong, daß in Dürer sei Hoos hald scho a weng in Verruf kummer is, waller hald nerblous nu ein Suwenier-Ardiggl is."

„Hald dei Maul", führte der Hans-Georg den wissenschaftlichen Disput ruhig weiter und nahm einen kräftigen Schluck aus der Flasche mit dem Rauchbier, „i brauch dei bläids Gschmarri nedd. Wall iich hob selber Aung im Kubf. Und dou sieh iich, daß der Hoos a Mischung is ausern Aischgründer Karbfn und anner Wilzau. Und a aanzigs Auch hodder nerblous. Der brauchd doch an Behinderdnausweis!!"

Er nahm noch einen Schluck und führte dann weiter aus: „I hob in mein Schrebergärddla zeha Schdallhoosn, und wenn dou anner derbei wäär, wou asuu ausschaud, nou däädin serfordd an die Geisderboon am Volgsfesd verkaafn."

Der Otto probierte es noch einmal: „Kunst, gouder Moo, hodd doch nedd immer wos midder Realidääd zum dou . . ." In dem Moment bekam der Otto vom Hans-Georg mit dem Handrücken eine gewischt, daß er stolperte und über den Hasen flog. Für die mündlichen Beleidigungen und die tätliche Kunstkritik muß der Hans-Georg eine Geldstrafe von 2000 Mark zahlen. „Normool", maulte er noch nach, „woors ja nerblous a symbolische Schelln, wou mer der aus Verseeng in die Händ neigloffn is."

Wie man das humanistische Bildungsideal fotografiert

Ein Klassentreffen ist immer eine sehr schöne und würdige Zusammenkunft. Vor allem bei ehemaligen Schülern, die nach dem humanistischen Bildungsideal ausgerichtet worden sind. Es wird dort Caesar mit Kaviar vermischt, Homer mit frischem Hummer und meistens beginnt es mit Cato dem Älteren und endet mit einem Kater, dem Größeren. Im Fall einer ehemaligen Abiturklasse vom Realgymnasium hat es mit einer Gerichtsverhandlung geendet, wegen Diebstahls.

Das Opfer war der alte Geschichtslehrer mit dem Vornamen Erwin. Er hat Generationen von Schülern gelehrt, daß man aus der Geschichte für die Gegenwart lernen kann und sogar für die Zukunft. Nur dummen Menschen verschließt sich diese Kunst wie ein Blütenkelch am Abend. So hätte der Erwin aus der Geschichte lernen sollen, daß ihm bei diesem Klassentreffen ein Mißgeschick passiert. Er war aber vollkommen ahnungslos.

Nach einer schönen humanistischen Sauferei mit seiner ehemaligen Klasse, wo zehnmal hintereinander das wunderbare lateinische Lied „Gaudeamus Romadur" gesungen worden ist, hat der alte Erwin draußen vor dem Wirtshaus ein Gruppenfoto machen wollen mit seiner wertvollen Leica. Genau zu diesem Zeitpunkt ist ein Herr namens Paul mit schiefen Absätzen in die Geschichte getreten. „Gäih her, Vadder", sagte der Paul zum Erwin, „aff des Gnebfla konni doch aa draff driggn. Nou konnsdi mid hiischdelln und bisd aff den Foddo aa mid draff."

Die Abiturklasse nahm also den Erwin in ihre Mitte, während der Paul einen geeigneten Standort zum Fotografieren suchte. Zweimal hatte der Paul schon draufgedrückt, aber er war noch nicht ganz zufrieden. „Wardd amol", sagte er, „iich wohn dou in den Haus. Dou gäih i edzer gschwind in mei Kichn naaf und foddografier vom Fensder roo. Nou seider hunderdbrozendich alle draff."

Alle waren damit einverstanden und postierten sich unter dem Küchenfenster. Man muß noch wissen, daß dem alten Geschichtslehrer Erwin seine Leica ungefährt dreitausend Mark wert war. Es dauerte folglich sehr lange, bis der Paul mit diesem kostbaren Foto-Apparat wieder auftauchte. Nämlich über drei Wochen, als ihn die Polizei bei einem weiteren Beutezug im bekannten italienischen Luftkurort Flagranti ertappte.

Zu dem gewünschten Klassenfoto war es an dem Nachmittag also nicht gekommen. Die betrunkenen Humanisten suchten den Paul und die Leica noch zwei Stunden lang in dem Mietshaus; beide hatten aber den Tatort vermutlich durch die Hintertür verlassen.

Wegen verschiedener anderer Diebstähle und der Leica wurde der Paul zu sechs Monaten Haft verurteilt. „Kenner Sie", fragte der Paul nach der Verhandlung den Geschichtslehrer, „des alde chinesische Schbrichwordd?" „Nein", sagte der Erwin. „Des hassd ganz eimbfach", fuhr der Paul fort, „Leih ka Leica!" Oder auf deutsch: Verleihe nie eine Leica um dreitausend Mark.

In der Freizeit:
Die Freuden des Kleingärtners

Wie jeder weiß, ist ein kleiner Schrebergarten eine Oase der Ruhe, des Friedens, des Glücks und des Freibiers. Wir gehetzten Menschen von heute und von Gostenhof finden in ihm unsere Erfüllung. Wir schweben dort über einen Teppich von Samt und Seide, lassen nach der Woche Müh und Plag beim Schuckert samstags alle viere bis fünfe von uns hängen und wenn wir anläßlich eines letzten, tiefen Zuges aus der Flasche, wo „Tucher" draufsteht, aber Pflanzenschutzmittel drin ist, unseren Blick zum Abendhimmel erheben, dann ist in uns bereits ein unbestimmter Hauch der Ewigkeit.

Ein Schrebergartenbesitzer ist mit der Natur in vollkommener Harmonie. Lediglich gegen Störenfriede dieser Harmonie müssen hin und wieder kleine Korrekturen vorgenommen werden. Unter diesen kategorischen Imperativ „Lieber Löwenbräu als Löwenzahn" fällt selbstverständlich jegliches Unkraut. Ein richtiger Schrebergartenkolonie-Kapo schreitet schon früh nach dem Wecken zum Morgenappell, scheißt seine Gartenzwerge zusammen und entscheidet sodann über Leben und Tod. Gänseblümchen im Rasen fassen pro Einheit einen Eimer Blaukorn, daß es sie vom Stengel haut. Ameisen sind zum Tod durch Ertrinken bestimmt, Blattläuse überraschen wir mit einem gezielten Schuß aus der Giftspritze und gegen die Raupen am Kohlrabi setzen wir einen Trupp Raupenschlepper ein.

Selbstverständlich sind auch nachbarliche Anpflanzungen oft ein Dorn im Auge eines aufrechten Kolonieherrn. So schüttet man etwa über die Stangenbohnen nebenan, an denen nur Ungeziefer und Schatten gedeihen, einen Eimer voll Toilettenreiniger, und schon werden aus dem Nachbarn seinen Bohnen innerhalb kurzer Zeit Brechbohnen.

151

Überhaupt ist die nachbarliche Kommunikation ein wichtiger Bestandteil des Seelenfriedens eines Kleingärtners. Anläßlich eines über den Zaun geworfenen Doppelzentners Rasenschnitt beginnt eine solche Kommunikation ruhig so: „Horch amol, du biologischer Vuurgarddnzwerch dou driimer, wäi häddmers denn dou!? Du maansd gwiis, wallsd scho an Salbei vonnern Solei unterscheidn konnsd, derfsdi dou in der Kolonie aafiirn wäi die Sau am Sofa!" Worauf der Nachbar völlig gelassen seinen Rasenmäher anwirft und mit einer Geräuschkulissen-Mischung aus Guderian und Niki Lauda antwortet.

Wenn sich diese rein fachliche Kommunikation gut entwickelt, besteht die nächste Stufe aus blauen Veilchen direkt auf die Augen hindrapiert, Blutströpfchen an der Nasenspitze oder einem aufgeschwollenen Kürbis. Im Hinblick auf die verbindende Gartenarbeit geben wir anschließend der Ehefrau unseres Nachbarn bereits die ersten vertraulichen Kosenamen wie Zwiderwurz, Spinatwachtel oder Rübensau, und schon haben wir nach spätestens drei Wochen wieder eine gesicherte Unterhaltung vor Gericht. Ein Amtsrichter muß sich ab Mitte April unweigerlich mit der zulässigen Gesamthöhe eines Rettichs auskennen und hundertprozentig Bescheid wissen, ob ein vom Gartenbesitzer A. gefütterter Fink dem Gartenbesitzer B. auf der Terrasse in die Kaffeetasse sein Bätzlein fallen lassen darf. Es berührt die bohrenden Fragen der Wildfütterung und der Lufthoheit gleichermaßen.

Gern erholt der Hobbygärtner auch seine Nerven an lauen Abenden durch ein romantisches Grillfeuer, das dann durch nachbarliche Fürsorge schon nach zehn Minuten von der Feuerwehr und der Bereitschaftspolizei umzingelt ist, wie wenn man für sein Kotelett und die Schälrippchen Brennstäbe aus Wackersdorf verwendet hätte.

Zusammenfassend kann man sagen, daß ein kleines Stückchen Erde nicht nur für den Radio, sondern auch für den Menschen sehr wichtig ist. Denn im Herbst ernten wir die Früchte unserer Arbeit, die aus tausend Mark Geldstrafe oder einem vorübergehenden Aufenthalt in einer Nervenheilanstalt bestehen können.

Schdress-Man

Äih, Schdress-Män
Hosd du mein Schdress gseeng
Äih, Schdress-Män
Ja? Nou derfsd nern b'haldn

Äoh, Schdress-Män
Mousd annern Schduul sääng
Äih Schdress-Män
Ja? Vielleichd is dei eichner

Kummi haid nedd
Kummi morng
Da, hosd meine Sorng
I hob a Nixla
Innern Bixla
Und an aldn Baggschdaakees
Und kann Schdress

Äih, Schdress-Män
Mousd ofd Dei Rigggrood bäing
Äih, Schdress-Män
Ja? Nou werds schäi waach

Äih, Schdress-Män
Konnsd hald nedd gnouch gräing
Äih, Schdress-Män
Gell? Und hosd doch goornix

Äih, Schdress-Män
Wersd ball affd Noosn fläing
Äih, Schdress-Män
Gell? Nou hosd kann Schdress mehr

Das Siegel der Verschwiegenheit

Was hinter verschlossenen Bürotüren oder gar beim gemeinsamen Gang auf die Toilette unter dem berühmten Siegel der Verschwiegenheit mitgeteilt wird, das könnte man ohne weiteres auch gleich als ganzseitiges Inserat in der Zeitung aufgeben. Je geheimer und vertraulicher eine Botschaft nämlich ist, desto mehr Leute wissen davon.

Dieses Siegel der Verschwiegenheit ist jetzt auch einer jungen Dame namens Hildegard zum Verhängnis geworden. Sie war in einer kleinen finanziellen Verlegenheit und hat es durch verschiedene kaufmännische Arbeiten fast geschafft, daß sie sich saniert.

Zum Beispiel hat sie durch einen Offenbarungseid ihrer beiden äußeren Lungenflügel die Aufmerksamkeit ihres Vorgesetzten so erregt, daß bei diesem Herrn verschiedene Aktien stark gestiegen sind. Kurze Zeit später hat sie mit ihrem Chef in einem kleinen Hotelzimmer und dann noch einmal im Auto Überstunden machen müssen. „Und drei Wochn dernooch", erinnerte sich jetzt der Chef vor Gericht „hodds gsachd, dassera des alles unheimli beinlich is, obber es schdäid hundertbrozendi fesd – um Weihnachdn rum werri Vadder."

Auf diese Art von Christkind hat der Herr Chef aber verzichten wollen, weil er anderweitig schon Vater und verheiratet war, und es hat fünftausend Mark gekostet. Das Christkind soll für dieses Geld angeblich in Holland sofort in den Himmel gekommen sein, nachdem die Hildegard dort drei Wochen im Urlaub war.

Es wäre eigentlich alles geregelt gewesen, aber dann ist dieses Siegel der Verschwiegenheit in Erscheinung getreten. Streng vertraulich hat fast die ganze Firma von dem Verhältnis und der anschließenden Schwangerschaftsunterbrechung gewußt. So stellte sich auch heraus, daß außer dem Chef noch drei andere leitende Herren fünftausend Mark Vergnügungssteuer an die Hildegard gezahlt hatten.

Richtig öffentlich ist es aber erst beim fünften Mann im Bunde geworden. Es hat sich dabei um den Walter gedreht, der nicht verheiratet war und ebenfalls fünf mal tausend Mark von seinem Sparbuch abheben mußte. „Däi hodd uns ganz schäi grolld", sagte der Walter bei seiner Vernehmung, „wall, däi woor ibberhabbs nedd in Holland und a Kind hodds aa kanns gräichd. Obber dou derfiir fimbferzwanzgdausend Märgla bar aff die Händ und schdeuerfrei! Wennsder dengsd, daß mir in der Firma hunderdfuchzg Angschdellde hom – dou wersd innern Värddljohr ja ball Millionär!"

Wegen der Erpressung wurde die Hildegard aber nicht Millionär, sondern verurteilt. Und zwar zu sieben Monaten auf Bewährung und einer Geldbuße in Höhe ihrer Einnahmen. Sie hat die Firma gewechselt und jetzt schweben wieder Vorgesetzte in Gefahr, daß alles in die Mühlen dieses Siegels der Verschwiegenheit kommt.

Die Erforschung des Unterbewußten

Das Unterbewußtsein ist ein vielschichtiges Problem, wie man weiß. Außer dem Sigmund Freud hat sich mit ihm auch der Willy befaßt, der in der Südstadt gewissermaßen unter der Hand und über dem Sinnlichen eine kleine naturnahe Heilpraxis laufen hat. Die Marga ist eine Patientin von ihm und hat eigentlich seinerzeit nur von einem Heuschnupfen befreit werden wollen. Diese Heilung, hat der Willy gesagt, ist kein Problem. Man muß es auf dem Umweg über das Unterbewußtsein mit einer kleinen Hypnose machen.

Außer dem Eingriff in die Seele soll es aber noch zu anderen Übergriffen vor allem im Bereich des Sexuellen gekommen sein und es hat jetzt vor dem Amtsgericht geklärt werden sollen.

„Normool", fragte die Marga im Zeugenstand, „normool hodd mer doch den Heuschnubfn in der Noosn, odder nedd?" Der Richter war auch der Meinung. „Also goud", fuhr die Marga fort, „und mei Noosn hobbi allerwall nu am Kubf und dou sachd der Xundbeeder dou zu mir, der Kamilln-Dee-Guru, der drauriche – dou sachd der, i soll als erschdes amol mein Ruug und mei Underhuusn roodou! Ja wou maand denn der, daß iich mein Heuschnubfn hob?!"

Erstens, bat der Vorsitzende, solle die Marga sich ein bißchen mäßigen mit ihren Äußerungen und zweitens verstehe er nicht, warum sie dann der Aufforderung zum Ausziehen nachgekommen sei. „Allmächd naa, Herr Richder", sagte die Marga, „des häddi ja edzer ball vergessn! Der hodd ja miich vuurher scho dodaal hibbernodisierd mid seine mausgrauer Aung. Der hodd asuu a Eisnkiicherla annern Schniirla ummernanderbambln loun und hodd in anner Duur gsachd ‚Du schläfst ein, du schläfst ein'. Und nou hodder mi nerdirli in der G'wald g'habd, gell. Dou zäigsd di unwillkürlich naggerd aus. Obsd moggsd oder nedd."

Mitten in der Hypnose soll es dann noch zu weiteren Intimitäten gekommen sein. „Woorscheins", erinnerte sich die Marga, „hoddsi dou innerlich ba mir ein Alarm ausgleesd. Jeednfalls binni aus dera Hibbernose vuurzeidich aafgwachd, lich dodaal naggerd aff den sein dreggerdn Sofa und er woor iiber mir driiber"

Über diese Vorwürfe konnte der Willy nur lachen. Die Marga soll ihm nämlich eine halbe Stunde lang sehr ausführlich von ihrem Sexualleben erzählt haben und daß es nicht mehr so richtig hinhaut, seit neuerdings mitten in den schönsten Zärtlichkeiten ihr Heuschnupfen einsetzt und sie mitunter bis zu dreißigmal hintereinander niesen muß. „Und nou", sagte der Willy, „sachds aff aamol, daß momendan wäi durch ein Wunder des Kidzln in der Noosn wech is und daß mers amol browiern kenndn. Und iich hob gsachd, sie soll mer mei Rouh loun. Des woor alles."

Nach längeren Befragungen verstrickte sich die Marga in verschiedene Ungereimtheiten und der Willy wurde vom Vorwurf der schamlosen Ausnutzung des Unterbewußtseins freigesprochen. Anschließend hörte man die Marga am Gang draußen laut niesen und nach dem Ende der Explosionen sagte der Willi „Xundheit, alde Schnalln!" Was auf einen erneuten Prozeß wegen Beleidigung hindeutet.

Das Farbenwunder und die Zeichen der Zeit

Der Fritz erkennt die Zeichen der Zeit sehr gut, aber er schätzt sie nicht besonders. Er ist eitel wie ein Pfau oder sonst ein Politiker und hat solche Zeichen der Zeit wie graue Haare, Falten und Potenzprobleme nicht gern. Seinen rotblauen Trinkerzinken übermalt der pensionierte Großschlächter jeden Früh mit einem Farbkasten aus dem Hause Margaret Astor, und die Haare, die in Natur wie Lametta ausschauen, muß der Friseur alle vier Wochen nachschwärzen.

Dieser Friseur hütet das Geheimnis seiner Farbmischung wie Tucher-Aktien, und es war ihm deswegen ein vollkommenes Rätsel, wie der Fritz nach der letzten Schwarzmalerei wie durch ein physikalisches Wunder auf einmal am ganzen Kopf rot war wie die untergehende Sonne. Das physikalische Wunder ist jetzt am Amtsgericht untersucht worden.

Der Fritz war damals beim Haarfärben im Stuhl ein bißchen eingenickt. Wie er aufgewacht ist, hat er einen kurzen Herztstillstand erlitten und hat den Friseur dann um die sofortige Korrektur des großen Rostflecks am Kopf gebeten. „Du Booderszibfl, du bläider", hat er gebrüllt, „schau blous, dassd däi roude Berriggn vo mein Kubf roodousd, sunsd wersd rasierd, dassder di Baggngnochn rausschauer!"

Zittrig sagte der Friseur, daß es keine Perücke ist, sondern ein unerklärlicher Materialfehler in der Geheimtinktur, daß aber in zwei Minuten alles verschwunden ist wie ein Geisterspuk.

Er hat verschiedene Pulver gemischt, angerührt und den Fritz wieder eingerieben. „Sooderla, der Herr", hat er gesagt und das Handtuch vom Kopf gezogen, „edzer sichd mer vo dera roudn Farb ibberhabbs nix mehr. Edz hobbis widder vull im Griff."

Von der roten Haarfarbe sah man in der Tat überhaupt nichts mehr, denn jetzt war der Fritz von der Stirn bis zum Hals mit einem ganz zarten Grün eingefärbt. „Also edzer wassi aa nemmer, wos lous ist", stotterte der Friseur, „des konn doch blous an Ihre Hoor liing." „Hald blous dei bläids Maul", schrie der Fritz zurück, „binni edzer a Wellnsiddich odder a Babbagei odder solli in der Könichschdrass vieleichd a weng als Banker rumlaafn mid meine vierasiebzg Joor. Nou konnsd mer glei nu a boor Rasierglinga ans Ohrläbbla hiihänger!"

Danach soll der frischgebackene Alt-Punker den Porzellanaschenbecher in den Spiegel geschleudert haben. Den dritten Versuch einer Farbkorrektur seitens des Friseurs unterband er mit mehreren Schelln. Wegen Sachbeschädigung und Körperverletzung wurde er zu einer Geldstrafe von 1200 Mark verurteilt. Die lindgrüne Haarpracht hatte er sich von einem anderen Friseur durch einen Kahlschnitt entfernen lassen. „Nexd Wochn", sagte der Fritz zu seinem Ex-Friseur, „foori in Bundesdooch nach Bonn. Dou kennsd mer doch ewendwell mei Bladdn schwazz, roud, gold eifärm!"

Der beste Libero
in der Zeit
nach Beckenbauer

Mit der Goschn gehört der Paul in seiner Eigenschaft als bester Libero in der Zeit nach Beckenbauer, wie er es oft bescheiden schildert, mindestens in die Welt-Auswahl. In der Realität spielt er nicht ganz auf dieser hohen Ebene, sondern Bauernspitz-Bundesliga in seiner Betriebsmannschaft.

Trainingslager ist im Café „Krawall", und unter zwölf bis dreizehn Trainingseinheiten macht es der Paul in der Nacht vor dem Spiel nicht. Eine Einheit ist ein Seidlein Sauerbier, und so sieht er nicht selten Samstag früh beim gegnerischen Angriff zwei Stürmer auf sich zukommen, wo nur einer da ist. Meistens schmeißt er seine zwei Zentner dem entgegen, der nicht da ist. Für den Fall hat der Libero noch seinen sehr zuverlässigen Torwart hinter sich.

In dem Spiel, das jetzt vor Gericht behandelt worden ist, hat dieser Torwart wegen Überanstrengung im Trainingslager nicht antreten können. Es war die Rede von einer kleinen Alkoholvergiftung. Weit entfernt davon war der Paul auch nicht. Nach 20 Minuten ist es 4:0 für den Gegner gestanden, und der Paul hat es auf den Ersatz-Torwart geschoben. „Horch amol, du Doldi vonnern Doorwardd", sagte der

Paul nach dem 5:0, „des grouße weiße Ding, wou der dauernd ummern Kubf rumfläichd, des is der Balln, gell! Wennsd dou ewendwell amol hiilanger däädsd, is der fei kanner bäis."

Das 6:0 ist diesem Unglücksraben durch die Beine gegangen. Der Paul erläuterte es dahingehend, daß es ihn wundert, weil der Torhüter O-Beine hat wie ein Frosch, aber trotzdem nicht richtig springen kann. Das 7:0 war ein Eigentor vom Paul. Er führte den Ball lässig am Fuß und sagte zu seinem Torwart: „Nimm nern du, iich hob nern sicher." Daraufhin schoß er ihm das Leder mit Vehemenz an den Kopf, und von dort prallte es in die Maschen.

Nach dem 8:0 schmiß der Ersatz-Torwart die Handschuhe hin, murmelte etwas von einem Oberarsch, Rindviech und Klugscheißer und ging in Richtung Kabine. Da machten sich die zwei bis drei Promille Restalkohol vom Paul erst richtig bemerkbar. „Der is hinder mir hergrennd", sagte der Torwart vor Gericht aus, „hodd underwegs die Eggfohna rausgrissn und nou hodder mers iibern Kubf driiberzuung, daß mer es Bloud roogloffn is." Mit der Eckfahne in der Hand trieb der Paul seinen Torwart wieder aufs Spielfeld zurück zwischen die Pfosten. Als der Schiedsrichter eingreifen wollte, erwischte es ihn auch. Der Paul zündete ihm die Eckfahne übers Ohr.

„Ja, Herr Richder", wunderte sich der Paul jetzt, „des gäid doch an Schiedsrichter nix oo, odder? Wenni an von Geechner gscheid aff die Waffl naafhau, nou konner ja meinerdweeng bfeifn. Obber mid mein eichner Doorwardd – den konni doch rumhaua wäi iich will. Mischd si der Bfeifn-Augusd dou nei, wenn iich mid mein Doorwardd a glanne Underhaldung hob!"

Für die zwei Unterhaltungen muß der Paul jetzt wegen Körperverletzung eine Geldstrafe von 2800 Mark zahlen. „Bravo", sagte der Libero zu dem Urteil, „dou gäids ja schlimmer zou wäi bam Kindermann."

Eff Zee Enn

Erschder Eff Zee Enn
Iich bin vo dir a Fän
Die Noosn bloud
Schwazz und Roud

Däi vom Ha Ess Vau
Däi haumer gräi und blau
Denni vom Vau Eff Bee
Denni haumer aff die Zäh

Die Münchner Bayern
haumer naaf, daß reihern
Und däi vom Eff Zee Köln
Däi gräing Drimmer Schelln

Geecher die Borussia
Dou schmeißn mir mid Bflasderschdaa
Und däi vo Dordmund
Däi hedz mer middi Schäferhund

Beng – edz kummder Refreng:
Erschder Eff Zee Enn
I bin vo dir a Fän
Die Nousn bloud
Schwazz und Roud.

Wie man sich bei Behörden verhält

Dieser Alfred war völlig unschuldig, er hat nur seine Pflicht erfüllt. Beziehungsweise erfüllen wollen, denn er ist Beamtenanwärter im Rathaus der Gemeinde, wo der Konrad wohnt.

Am Gericht hat jetzt geklärt werden müssen, ob man einen Menschen mit Formularen foltern darf, daß daraus körperliche Schmerzen werden. „Iich hob", sagte der Konrad auf der Anklagebank, „iich hob in mein Garddn hindern Haus a weng an Freisidz middern glann Dächla driiber bauer wolln. Des woorn achd Hulzbalkn senkrechd und vier Hulzbalkn driiber und a Dachbabbn draff. Nou binni weecher der Baugenehmigung aff die Gemeinde ganger. Dou homs mer nou als erschdes amol gsachd, daß miich ibberhabbs nedd gibd!"

Alle Listen sind durchforscht worden und man hat den Computer eindringlich gefragt, aber der Konrad war nirgends drin. Er war ein Nichts in dieser Gemeinde und hat folglich auch nicht um eine Baugenehmigung für einen Freisitz mit Überdachung eingeben können.

Er hat vier Formulare ausfüllen müssen, verschiedene Lichtbilder abgegeben, wo man das rechte Ohr sieht, mit zwei weiteren Formularen hat er sich in der Stadt abgemeldet. Die Abmeldung ist aber nicht anerkannt worden, weil er sich damals bei seinem Umzug aufs Land schon abgemeldet hat.

„Nou homs mer", sagte der Konrad, „aff der Gemeinde

gsachd, dassi mi ohne Abmeldung nedd oomeldn konn und daß miich nach wie vor nedd gibd. Des is vielleichd a bläids Gfühl, wennsd mid an reedn dousd und der sachd zu dir, dassdi ibberhabbs nedd gibd. Nou hobbi numol zwaa Formulare ausgfilld."

Nach vier Wochen war der Konrad ein registrierter Mensch. Danach mußte er drei Formulare betreffs seiner überdachten Terrasse ausfüllen. Unter anderem hat man wissen wollen, ob diese Terrasse mehr als acht Stockwerke hat, ob sie unter das Denkmalschutzgesetz fällt oder in Flugschneisen hineinragt.

Danach hat er über zwei neuen Formularen brüten müssen. Auch dort waren die Fragen sehr verzwickt. Er hat sie noch einmal ausfüllen müssen, weil er zwei Spalten durcheinandergebracht hat und statt des umbauten Raumes die Anzahl seiner schulpflichtigen Kinder eingetragen hat.

Nach einem dreiviertel Jahr war alles zur Zufriedenheit der verschiedenen Sachbearbeiter ausgefallen. Beim Abgeben der letzten vier Formulare hat sich der Konrad die folgende Schlußbemerkung erlaubt: „Des is vielleichd a ganz schäins Gscheiß ba eich weecher an bissla Dach iiber anner Derrassn." „Wos?", sagte der Beamtenanwärter Alfred darauf, „aa Derrassn iiderdachn? Dou häddn S' doch ka Genehmichung brauchd!"

Der Konrad ist ein vollkommen ausgeglichener Mensch; sein Seelenleben ist ruhig und auch der Blutdruck macht ihm keine Schwierigkeiten. Trotzdem ist es vor einiger Zeit über ihn gekommen. Aus seinem sanften Gemüt ist ein Vulkan geworden und man hat ihn leicht mit einem Derwisch verwechseln können. Ein Herr Alfred ist im Zuge dieses Ausbruchs mit einem Nasenbeinbruch und Verdacht auf Gehirnerschütterung ambulant ins Krankenhaus gekommen.

Daraufhin kam es zu der kleinen Handgreiflichkeit, bei der sich der Alfred den Nasenbeinbruch und den Verdacht auf eine Gehirnerschütterung zuzog.

Der Konrad wurde zu einer Geldstrfafe von 2400 Mark verurteilt. „ Dou gäih iich in die Berufung", sagte er, „wenn S' mer biddschenn den Kondäiner middi noodwendichn Formulare als Bahnfrachd zouschiggn kenndn!"

Als Luftfracht in die Südstadt

Ungefähr ab drei Promille hört die christliche Nächstenliebe auf, wie jeder weiß, der vom Wirtshaus schon einmal nach Art der Blindschleiche oder wie ein Bierwurm heimrobben hat müssen. Taxifahrer lehnen den Transport von so einem kriechenden Menschen entschieden ab, Straßenbahn, U-Bahn und Omnibus verschließen sich einem wie von Geisterhand und die Lufthansa verkehrt leider nicht zwischen der Johannis-Kärwa und Lichtenhof. Dorthin, in die Gegend der Wodanstraße, haben zwei gute und gut abgefüllte Freunde unbedingt hingewollt.

Wegen verschiedener guter Einfälle hat diese denkwürdige Reise vom Norden der Stadt in den Süden vor Gericht geendet. Der Kärwa-Preller vom Reinhard hat sich auf ungefähr sieben Maß Festbier gegründet, der Qualm vom Mitmensch Walter könnte auf einer gesunden Basis von neun Maß geruht haben.

Dieser Walter war also im Sinne des Beförderungsgesetzes eine Null, er war ein Vulkan, der jeden Moment ausbrechen und wenn auch nicht Feuer und Lava, so doch neun Maß Bier und Salzheringe speien kann. Kein Taxifahrer würde auf die Idee kommen, den Vesuv hinten am Rücksitz heimzufahren. Solche Gedanken sind auch dem Reinhard durch den Kopf gegangen, wie er trotz seiner sieben Maß Bier beschlossen hat, mit dem Auto die Heimreise anzutreten. Er ist dann auf die Idee gekommen, daß in diesem Fall ein

Dachgepäckständer am Auto einen sehr guten Dienst leisten kann.

Er hat also den Walter mit Hilfe eines unbekannt gebliebenen Dritten auf den Dachständer gezerrt und ist mit seiner Luftfracht heimgefahren. „Dunkl koo i mi nu droo erinnern", sagte er jetzt aus, „daß i mein Kumpl an Händ und Fäiß fesdbundn hob, daß er mer nedd rooflächd."

Vielleicht wäre es gut gegangen, aber ungefähr auf der halben Distanz ist der bis dahin leicht bewußtlose Walter am Autodach wach geworden und ist über die Bestimmung seines Standortes fast verrückt geworden. „Zeerschd", sagte er, „hobbi gmaand, miich homs wäi in Dschäims Bond außn annern Fliicher hiigfessld. Bissi nou a roude Ambl gseng hob, wou mir nerdirli durchgrauschd sin wäi nix. Dou hobbi mer nou dengd, a roude Ambl am Himml, des konn nedd sei. Und nocherdla hobbi laud um Hilfe gschriea."

In der Allersberger Straße schlurfte um die gleiche Zeit ein älterer Herr, der nicht schlafen konnte, ans Fenster, um schlechte Luft zu schnappen und wunderte sich über die Vorkommnisse drunten auf der Straße sehr. „Dou is anner mid sein Audo", sagte er, „von der an Schdrassnseidn aff die andere gfeechd und oomer am Dach is anner draffgleeng und hodd g'schriea wäi am Schbiis. Zeerschd hobbi gmaand, der oomer am Dach verfolchd den in sein Audo und der hodd nern mid den Ziggzagg nerblous abschiddln wolln."

Gleich nach dem Südbad hat dann die Polizei die Luftreise vom Walter unterbrochen. Der Reinhard ist für seine gute Idee in Verbindung mit 2,8 Promille mit viertausend Mark Geldstrafe und eineinhalb Jahren Führerscheinentzug belohnt worden. „Des hommer edzer vo dein saubläidn Gschraa", sagte der Reinhard danach zum Walter, „dou häddi mer ja glei a Mardinshorn affs Audo naafdou kenner." „Jawoll", erwiderte der Walter, „und iich hädd an Schdernlasschbeier oozind als Blaulichd und nou häddn die Bolli gmaand, mir sin aa a Schdreifnwoong."

Eine Schelln
fürs Ordnungsamt

Die geistige Zerstreuung in der Freizeit ist sehr gefragt. Man erkennt es an den gähnend leeren Museen und an den fünfundvierzig Millionen Mark, die die Stadt jedes Jahr ans Theater zahlt, weil bei den Aufführungen meistens mehr Schauspieler anwesend sind als Zuschauer.

Eine sehr schöne Bildungseinrichtung sind auch die sogenannten Altstadt-Rallyes, wo man zu Fuß am Sonntag in der City rumwetzt und raten muß, wieviel Schoppen der Albrecht Dürer vertragen hat; ob es außer dem englischen Gruß vom Veit Stoß auch einen französischen Gruß gibt und wie eisern die eiserne Jungfrau wirklich ist.

Man nennt es auch Quiz oder wissenschaftliche Spaziergänge. Jetzt hat vor Gericht geklärt werden müssen, ob man auf so einem wissenschaftlichen Spaziergang einem Menschen auf seine wissenschaftliche Frage mit schätzungsweise zehn Watschen antworten darf. Man kann es gleich vorwegnehmen: Es ist nicht erlaubt.

Angeklagt ist der Willy gewesen, der in der Altstadt ein kleines Wirtshaus hat sowie einen Drei-Liter-Weinkrug hinterm Tresen, auf dem steht „Trink, trink, Brüderlein trink, laß doch die Sorgen zu Haus."

Dieser schöne Liedanfang war ein wichtiger Punkt bei der Altstadt-Rallye, die ein Tennisverein veranstaltet hat. Man hat in das Wirtshaus gehen müssen, nach dem Krug fragen und nach der Inschrift. Dafür hat man als Teilnehmer drei Punkte eintragen können.

Leider waren es hundertfünfzig Teilnehmer und wie der Willy an diesem Sonntagnachmittag ungefähr zum fünfzigsten Male nach seinem Weinkrug gefragt worden ist, hat er den verlangten Spruch „Trink, trink, Brüderlein trink" schon ziemlich laut und mit einem leichten nervösen Zucken in den Augen über die Theke geschrien.

Es hat aber nicht nachgelassen. Ungefähr alle drei Minuten ist ein Quiz-Teilnehmer mit einem großen Blatt Papier in der Hand und dem Kugelschreiber hinterm Ohr in das Wirtshaus gerannt und hat nach dem Krug und der Inschrift gefragt. Der Kurt dürfte in etwa der hundertste Fragesteller gewesen sein.

„Griss Godd", sagte der Kurt und legte Zettel und Kugelschreiber bereit, „iich mous dou hinder Ihrer Deegn amol wos . . ." „Amol wos nouchschaua", hatte der Kurt fragen wollen, aber dazu kam er leider nicht mehr. Der Willy sprang über den Tresen, packte den Herrn am Hemd und brüllte: „Du bläide Sau, du bläide. Drei Lidder genger in den Gruuch nei, du Oorschluuch, du saudumms. Und draffschdäi doud ‚Trink, trink, Brüderlein trink'." Und bei jedem „Trink" empfing der Kurt eine Trümmer Schelln wegen der nervlichen Heimsuchung. Dummerweise hatte aber dieser Herr Kurt mit der Altstadt-Rallye und dem Quiz überhaupt nichts zu tun. Er wollte keine Punkte sammeln, sondern er war vom Ordnungsamt und hat die Bierleitung auf ihre Sauberkeit überprüfen wollen. Wegen Körperverletzung und einen Angriff auf einen amtlichen Würdenträger wurde der Willy zu drei Monaten auf Bewährung und 1200 Mark verurteilt. „Doud mer scho leid", sagte der Willy, „dassi den Moo in mein Schdress verwechsld hob. Obber suu schlimm is aa widder nedd. Wall denni vom Oddnungsamd doud a Drimmer Schelln aa amol ganz goud."

Der Immobilien-
händler

Der Willy ist meistens gut bei Laune, aber leider noch viel häufiger schlecht bei Kasse. Bei den berufsmäßigen Lebenskünstlern und Innenstadt-Indianern zählt der Alt-Hippie aber trotzdem entschieden zu den Honoratioren.

Unter anderem verfügt er über eine höhere Schulbildung, einen kleinen Unterschlupf bei seiner Tante in Eibach und eine dunkle Krawatte. Die täglichen Brosamen, die vom Tisch der Gesellschaft abfallen und ihren Weg zum Willy finden, legt er mündelsicher und mit hoher Rendite in fränkischem Wein an.

Wegen einer Geld-Transaktion im größeren Stil ist der Willy jetzt vor Gericht gestanden. In der Nähe von Eibach hat er für drei Wochen auf den Schrebergarten vom Freund von seiner Tante aufpassen sollen. Der Gartenbesitzer heißt Herbert und ist in Urlaub nach Mallorca gefahren.

Der Willy hat in dieser Zeit die Amseln vom Endiviensalat verjagen, die Rettiche gießen und Diebe, die auf Erdbeeren oder frische Bohnen scharf waren, in die Flucht schlagen sollen.

Drei Tage lang ist der Willy mit verschiedenen Flaschen Frankenwein im Gartenhäuschen auf der Lauer gelegen. Er hat keine Amsel und keinen Dieb entdecken können, weil er ständig im Delirium war.

Am dritten Tag war der Wein zu Ende, und der Willy hat folgende Annonce in der Zeitung aufgegeben: „Schöner Garten mit Häuschen und Wasseranschluß, gut erhalten, zu verkaufen. Günstige Gelegenheit. TÜV 1987." Er hat es mit einem Gebrauchtwagen verwechselt, aber trotzdem haben sich viele Interessenten gemeldet.

„Iich hob mer nou", sagte der Willy, „an Moo rausgsuchd, der wou des Gärddla hoom hodd wolln und hob nern am Mondooch fräih aff mei Rändsch beschdelld. Und hob nern glei gsachd, daß nu a boor hunderd andere indressierd sin, und er soll vielleichd a glanne Anzahlung miidnehma. Zeha Brozend wär angenehm."

Zwanzigtausend Mark hätte das Grundstück kosten sollen, und der Käufer brachte am Montag früh befehlsgemäß zweitausend Mark mit, die der Willy sofort in seine Brieftasche einheftete.

„Die Formalidäädn", sagte er dann, „däi mach mer nou morng, gell. Wenn S' wolln, kenner S' glei oofanger. Es Misdbeed hindn mous umgschdochn wern, die Johannisbeern sin scho überreif, und bassn S' mer aff die Amsln aaf. Däi Gribbl fressn alles zamm."

Von da an ist der Willy längere Zeit nicht mehr gesehen worden, und wie der Herbert von Mallorca zurückgekommen ist, hat er seinen Augen nicht getraut. Das Gartenhäuschen war in einem grellen Grün frisch gestrichen, im Rasen war ein großer Swimming-pool aus Gummi gestanden. Der neue Besitzer hatte vier Kinder.

Nach einem zweistündigen Streit und unter Hinzuziehung von zwei Polizeistreifenwagen ist geklärt worden, daß auch der Willy nur einen Garten verkaufen darf, der ihm gehört. Der Willy ist zu drei Monaten Mannertstraße verurteilt worden. Seine Karriere als Immobilienhändler war sehr kurz.

Mit dem Fahrrad nach Pilsen

Zum großartigen Jubiläum von unserer Eisenbahn hat bekanntlich jedermann sein Scherflein dazu beitragen sollen. Am meisten die Besucher von der Eisenbahnausstellung. Die haben ihr Scherflein in Form von horrenden Eintrittsgeldern beigetragen.

Einer der interessantesten Beiträge für dieses hundertfünfzigjährige Jubiläum ist aber von einem Radfahrer gekommen. Dabei hat es sich sinnigerweise um einen Herrn namens Ludwig gehandelt, so daß die Verbindung zur alten Ludwigsbahn bereits hergestellt war. Und wie vor hundertfünfzig Jahren zwischen Nürnberg und Fürth war auch in diesem Fall eine größere Menge Bier mit im Spiel.

Dem Ludwig seine denkwürdige Eisenbahnfahrt ist jetzt vor Gericht behandelt worden. Wie fast an jedem Freitag war der Radler an diesem aktenkundigen Freitag sehr schön, um nicht zu sagen vollkommen und sinnlos, betrunken. Er hat am Baggerloch in irgendeinem Schrebergarten zehn oder elf Flaschen Bier eingeschüttet. Ungefähr gleich viel Kubik hat der Georg gehabt. Um Mitternacht ist der Vollmond hoch über dem vollen Ludwig und seinem Kumpel gestanden und die zwei haben sich in ihrem persönlichen Bodennebel noch dunkel dran erinnert, daß sie mit dem Fahrrad da waren.

„Iich wass ibberhabbs nix mehr", sagte der Georg, „nerblous nu, daß der Luggi gsachd hodd, i soll mi aff sein Gebäggschdänder draff hoggn." Diese Aufforderung konnte der Ludwig bestätigen. „Und mir hom nou" fügte er hinzu, „aff die Schdrass nach Mögldorf foorn wolln, wall mer in Lafferhulz wohner. Mir sin glei durch die Gärddn durchgfoorn, wall iich dou a Abkürzung wass."

Auf dieser Abkürzung mußten die zwei Radler aber plötzlich einen steilen Berg erklimmen. Es handelte sich dabei um den Bahndamm. „Und wäi mir aff den Berch drooma woorn", sagte der Ludwig, „binni aafgschdiing affs Fahrood und der Gerch affn Gebäggschdänder und nou simmer gfoorn." Hinderlich war bei dieser Fahrt nur, daß es sich nicht um die Ostendstraße in Richtung Mögeldorf, sondern um die Eisenbahnlinie Lauf-Pilsen-Prag handelte. „Uns hoddsder vielleichd alle zwaa durchanander gschiddld", erinnerte sich der Ludwig dunkel, „und iich hob mer nu dengd, daß edzer Zeid werrerd, daß die Schdadd die Frosdaufbrich asfaldiern doud."

Auf halber Strecke schüttelte es den Georg vom Gepäckständer runter und am Mögeldorfer Bahnhof holte die Polizei den ersten Schienen-Radler Deutschlands von der Strecke. Der Ludwig beschwerte sich bei den Beamten noch einmal über die Schlaglöcher, für die er trotz des strengen Winters keinerlei Verständnis habe, dann wurde er verhaftet.

Wegen Vollrausch und Transportgefährdung wurde er zu einer Geldstrafe von 800 Mark verurteilt. „Schood", sagte er, „schood, daß uns aafg'haldn hom, wous doch aff unserer Schdrass direggd nach Pilsen in di Brauerei ganger ist."

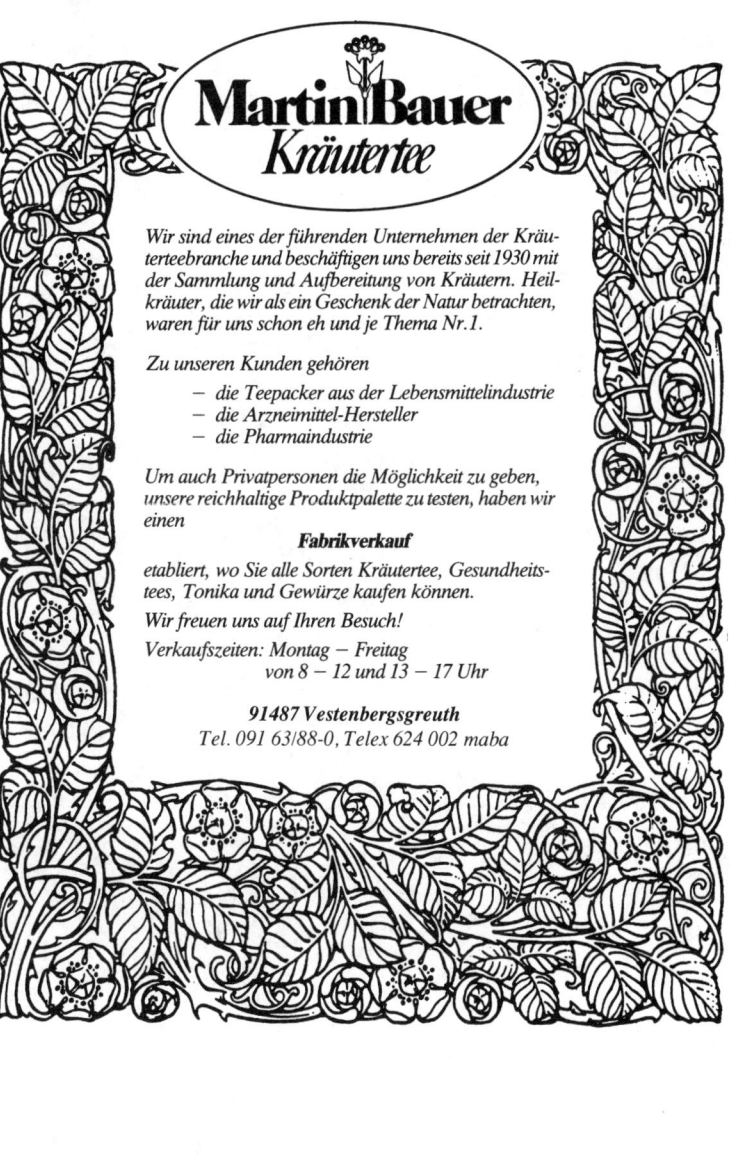

Der Kärwa-Tanz

Eine fränkische Kirchweih ist eine getragene, würdevolle Veranstaltung. Am Wirtshauseingang prangen frisch abgerissene Birkenzweige und nachts beim Heimwanken prangen auf den Gesichtern blaue Veilchen. Dazu singt man verschiedene originelle Kärwa-Lieder aus dem Volksmund. Der gleiche Volksmund, der am andern Früh dann wie ein Springbrunnen die sechs oder sieben Maß Bier feierlich wieder der Öffentlichkeit übergibt.

Der Georg hat in den letzten fünfzig Jahren seine Kirchweih auch immer in vollkommener Ruhe und Beschaulichkeit gefeiert. Heuer ist dem in sich gekehrten Pensionisten eine Dame namens Paula dazwischengekommen und die Ausuferungen dieses Kirchweihabends haben vor Gericht behandelt werden müssen.

Es hat an dem Abend im Wirtshaus eine Kärwa-Musik in der klassischen Besetzung Schlagzeug, Saxophon und Ziehharmonika gespielt und der Georg hat im Takt dazu sein Festbier getrunken. „Und aff aamol", schilderte der Georg den weiteren Verlauf des Abends, „hoggd si däi Frau dou an mein Disch hii und hodd gsachd, dasser si nerblous zwaa Minuddn verschnaufn will und nou gäids hamm. In däi zwaa Minuddn hodds mer nou ihrn ganzn Leemslauf derzilld, nou hodds a boor Kärwa-Liedla gsunger und aff aamool sachd däi zu mir ‚Gäih zou Vadder, danz mer a weng‘. I hobb gsachd, daß dou nix leffd, wall iich doch an Herzschriddmacher hob, Herr Richder! Obber nou hodds mi scho am Danzbuudn nausgschlaafd g'habd."

Mit einem Griff wie ein Schraubstock hielt die Paula ihren gebrechlichen Nachbarn auf der Tanzfläche. „Iich hob gmaand", sagte der Georg, „iich schderb. Däi hodd der Kabelln an Zwanzger geem und nou hom mir Dreher danzd und a Bolka, an schbanischn Flamengo, in Endndanz und den Ruggi Zuggi oder wäi der hassd. Und bam Kufschdeinlied ist mer nou schlechd worn. Obber däi hodd nedd nouchgeem. Iich bin nou durchganger und hob mi am Abordd verschdeggn wolln. Dou hodds mi rauszuung und hodd gsachd, dassi a alder Waschlabbn bin und hodd mer anne am Baggn naafg'haud!"

Kurze Zeit später war die Paula plötzlich verschwunden und beiläufig hat der Georg auch noch ihre Zeche in Höhe von fünfundsechzig Mark zahlen sollen. „Dou", sagte der Georg, „dou heerd sie obber die Kärwa-Gaudi aaf, Herr Richder."

Die Paula machte auf der Anklagebank geltend, daß sie der Georg erstens eingeladen hat, daß die Schelln keine Schelln, sondern ein Wiederbelebungsversuch war und daß sie sich auf der nächsten Kirchweih ihren Tanzpartner sorgfältiger aussucht. „Dou konni ja", sagte sie, „aa middern Kaddofflsagg Walzer tanzen."

Die Verhandlung endete mit der Einstellung des Verfahrens und mit einem Kärwalied seitens der Paula zwischen Tür und Angel. Es lautete folgendermaßen: „Maadla mogsd denn goorned, goorned, Giggerigigii. Braugsd nerblous die Henner machn, in Giiger mach scho ii."

Modernes Leben:

Das totale Fersehen

Ein Abend daheim war früher eine öde Sache. Die Kartoffeln waren angebrannt, im Kasten Bier hat sich Brachland in der Art der Wüste Gobi ausgebreitet und die andere Wüste, die ehemals wüste Margot, hat sich ebenfalls ausgebreitet, und zwar mit Lockenwickler im Haar und einem kalten Krautwickerla im Mund am Sofa. Das Familienleben hat einen unweigerlich dazu verdammt, seine Abende im Wirtshaus zu verbringen.

Damit hat der Postminister aufgeräumt. Nürnberg ist verkabelt und man kann zum Beispiel daheim in Langwasser in einer klaren Winternacht ohne weiteres zwölf bis dreizehn Programme empfangen. Daraus ergeben sich allabendlich in den betroffenen Familien sehr interessante Veranstaltungen. Die so schmerzlich vermißte Kommunikation zwischen den einzelnen Familienmitgliedern lebt spürbar auf, man spricht wieder miteinander. Zum Beispiel so: „Dou edzer serfordd des kommunisdische Gschmarri dou wechdriggn, sunsd haui in Fernsee nei. I will in Glubb seeng, Graizkiesldunnerwedder!"

„Wennsd in Glubb seeng willsd, nou gäisd in Keller noo, dou schdenger an Haffdn Flaschn. Drigg amol affs Erschde – dou kummd die Ilse Werner!"

„Aff dera ihr Bfeiferla is gschissn – i will in Glubb seeng!"

„Des sin obber doch aa Bfeifn!"

„Wennsd nedd glei ruich bisd, gibbi der aa a Bfeifn und zwoor a Baggbfeifn!"

Diese erfrischenden Zwiegespräche ergeben sich dadurch, daß wir mit dem Schwarz-Schilling seinem Kabel die DDR empfangen können, den Club, irgendein RTL, Radio Eriwan, Satellit und noch fünf bis acht andere wertvolle Programme.

Die bereits erwähnte verstärkte Kommunikation innerhalb der Familie durch das Kabelfernsehen kann man noch dadurch verbessern, daß man jedes Familienmitglied mit einer eigenen Fernbedienungsmaschine ausstattet. Untermalt von trefflichen fränkischen Anfeuerungen wie „bläide Sunna bläide", „Ruuzleffl" oder „Haumzwigger" kann man dann etwa alle zwanzig Sekunden ein anderes Programm sehen. Man sieht ganz kurz das Matterhorn in einem Schweizer Bergfilm, dann die Hose von Carl Sternheim, danach wedelt dem Professor Brinkmann seine Randsteinmischung mit dem Schwanz über den Bildschirm, erhaben grüßt uns der Sender Dillberg mit einer Bildstörung, ein schneller Wischer über den Kommissar vom Tatort, Feuersturm, Georg Thomalla, das normannische Schwert und Glut unter der Asche. Dallas oder Callas – alles an einem Abend und zu den ganz normalen Rundfunkgebühren.

Wenn alles ausgebaut ist, können wir sogar achtzehn Programme empfangen. Wer schon einmal zu einer verkabelten Familie eingeladen worden ist, der weiß, daß es sich beim Schwarz-Schilling seinem Netzwerk um einen Segen handelt. Man steht dort von zwanzig Uhr bis zum Sendeschluß im trauten Dunkel, knabbert gegen Mitternacht an dem Strauß Nelken für die Dame des Hauses und verläßt kurz vor Sendeschluß anläßlich des Films „Gejodelt wird zu Hause" völlig unbemerkt wieder die Wohnung.

Diesem neuen Kabelfernsehen verdanken wir neben der Erneuerung der Familienbande auch noch andere Phänomene. Dadurch, daß die verschiedenen Sendeanstalten mit ihren Beiträgen bereits früh um halbzehn beginnen, hat sich daraus das beliebte Kabelfrühstück ergeben. Auf die Arbeitslosigkeit soll sich die Programmvielfalt ebenfalls segensreich auswirken. Wir haben durch sie das neue Berufsbild der Fernbedienung in der Gastronomie und des Kabelstaplers. Immer mehr hört man auch von einem angeblich sehr widerstandsfähigen Baum, nämlich der sogenannten Mattsch-Eibe.

Wer durch das viele Umschalten doch den einen oder anderen Film versäumt, der muß auf ein Video-Gerät zurückgreifen. Hier hat die Post einen Apparat in der Entwicklung, den man beim Spazierengehen, ähnlich wie den Walk-Man über die Ohren, über die Augen ziehen kann. Im Preis inbegriffen ist ein weißer Spazierstock und ein Blindenhund.

So großkopfert

haben Sie einen Großkopferten noch nie
gesehen wie mit dem Riesen-Bildschirm
von delcom. Zum Beispiel 100 Quadrat-
meter für einen

Quadratschädel

Habe die Ehre! sagt da der Fachmann
und der Laie wundert sich. Das delcom-
System kann der Fachmann laienweise er-
werben für die Werbung. Wir können aus
einem Stecknadelkopf keinen

Kohlkopf

machen. Aber sonst vergrößern wir alles
riesig. delcom gibt es in den USA und
in Gostenhof. Gundolf Tippe ist der
delcom-Mann. Er heißt Sie herzlich del-
commen in der Bärenschanzstraße. Beim
Weiterlesen wünscht Ihnen viel Vergnü-
gen und wenig

Kopfzerbrechen

Ihr Klaus Schamberger

delcom **delcom**

DELCOM DEUTSCHLAND GmbH · BÄREN-
SCHANZSTRASSE 8 · D-90429 NÜRNBERG
TEL (09 11) 26 69 10/26 32 94 (FAX)
TELEX 9 118 465 nmt

DELCOM USA. INC. · 2344 PEROT STREET
PHILADELPHIA, PA 19130
TELEPHONE: 215 – 8811 · TELEX 846634

Das Brust-an-Brust-Rennen

Wie man weiß, gibt es für Frauen auf dieser Welt kein höheres Streben, als sowas ähnliches wie Miß Universum oder Miß Germany zu werden. Es sind Wesen aus dem Reich der Nymphen und Elflein, und ihre Manager ähneln in verblüffender Weise dem Prinz aus dem Märchenbuch. Wie im richtigen Leben muß man auch als zukünftige Miß Universum ganz unten anfangen. Zum Beispiel als Miß Schoppershof oder Miß Cadolzburg.

Die Helga hat es in einer etwas zwielichtigen Diskothek probiert, von dort aus in die Höhen des Show-Business aufzusteigen. Sie hat sich für die Wahl der Miß Kürbis beworben, wo das Mädchen mit der größten Oberweite gesucht worden ist. Wegen dem Verlauf dieser Wahl ist die Helga später von der Polizei gesucht worden, und jetzt soll sie sich vor Gericht verantworten.

In der Jury dieser Miß-Wahl sind verschiedene verdiente Persönlichkeiten der Zeitgeschichte gesessen. Es waren zwei Zuhälter, ein Berufsboxer, ein bekannter Roulettspieler und einer der berühmtesten Binokl-Profis dieser Stadt. Also alles Autoritäten auf ihrem Gebiet, die unbedingt noch in das

185

Buch „Berühmte Nürnberger" aufgenommen werden müssen. Vorläufig gehören sie aber ins Gefängnis, hat die Helga dem hohen Gericht erläutert.

Trotz ihrer gewaltigen Oberweite ist sie damals nämlich wider Erwarten nicht zur Miß Kürbis gewählt worden, sondern eine Dame namens Hannelore. Sie hat auch als ersten Preis die zweiwöchige Reise nach Ibiza gewonnen. Allerdings, war die Hannelore die Freundin von einem der Jury-Mitglieder und der Helga ist auf der Bühne während der Preisverleihung der Verdacht gekommen, daß es nicht mit rechten Dingen zugeht.

Sie hat der Hannelore vor dem erstaunten Publikum die Pappdeckel-Krone vom Kopf gerissen und geschrien: „Wenn däi bläide Sau dou mid ihre rachidischn Diddla die Miß Kürbis is, nou bin iich die Sofia Loren. Normool mäißerd däi mid ihrer Schwindsuchd nach Engldool in die Husdnburch! Miß Kürbis, dassi fei nedd grood nauslach – däi is vielleichd Miß Kürbiskern!"

Nach diesen Angriffen hat die Helga der Hannelore das Bikini-Oberteil von der beanstandeten Brust gezogen und sich selber zum besseren Vergleich entblößt, und man hat deutlich sehen können, daß die frisch gekürte Miß Kürbis um das eine oder andere Pfund im Hintertreffen war.

Bis der vom Veranstalter eingeschaltete Nebel nach oben gestiegen ist, hat man neben den vier freigelegten Kürbissen noch deutlich sehen können, wie die Helga der Gewinnerin der Ibiza-Reise noch eine Trümmer Schelln mit auf die Fahrt in den Süden gegeben hat.

Wegen Körperverletzung einer Miß ist sie zu einer Geldstrafe von 1500 Mark verurteilt worden. „Nach Ibiza", gab sie ihrer Kontrahentin noch mit auf den Weg, „däädi an deiner Schdell nedd foorn. Wall, wennsd du dou naggerd am Schdrand liggsd, dou maaner ja die Laid, des is a Sörf-Bredd und schdeing iiber dich driiber!"

Der Preßluft-
hammer
von Gibitzenhof

Der Heiner hat Hände wie ein Abortdeckel, Oberarme, die
man ohne weiteres auch als Schwenkarm von einem Kran
verwenden kann, und in Fachkreisen wird er wegen seiner
Überdosis Schmalz in den Muskeln auch der Preßlufthammer von Gibitzenhof genannt. An freien Tagen, im Urlaub
und am Wochenende stellt sich das Muskelpaket für ein
angemessenes Entgelt als freischaffender Möbelpacker zur
Verfügung.

Jetzt ist das Transportunternehmen ins Wanken gekommen,
denn der Preßlufthammer von Gibitzenhof ist vor Gericht
gestanden. Er ist damals am Freitagabend angerufen worden,
daß ein Klavier transportiert werden muß. Zehn Minuten
später war der Heiner zur Stelle. Als Aushilfe hatte er den
Ludwig mitgebracht. „Wall", hat er dem Auftraggeber,
einem älteren Herrn namens Alfons im dritten Stock mitgeteilt, „a Glawier is ka Kinderschbill."

Allerdings war der Ludwig kein Kraftpaket, sondern besten-
falls ein Kraftpäckchen, und in der ersten Kurve von dem
sehr engen Treppenhaus sind die zwei nebenberuflichen
Möbelpacker hängengeblieben. Mit dem oberen Eck war das
Klavier tief in die Hauswand eingedrungen, mit dem anderen in die Decke und aus geheimnisvollen Gründen ging es
nicht mehr vorwärts und nicht mehr zurück.

Der Heiner zog, schob, hob und stemmte sich dagegen, daß es ihm die Augen fast herausdrückte. Das dreistöckige Wohnhaus erzitterte in seinen Grundfesten, der Putz fiel wie nichts von der Wand, aber das Klavier rührte sich nicht. „Nou hobbi mer", sagte der Heiner vor Gericht, „erschd amol däi hunderdfuchzg Marg vo den Moo geem loun fiirn Dransbord. Wall, i hob ja mein Kumbl mid irchndwos loggn mäin. I hob nou zon Ludwich gsachd, Ludwich, hobbi gsachd, wemmers baggn, nou gräigsd den Hunderder dou ganz allaans."

Aber trotz der erhöhten Siegprämie packte es der Ludwig nicht. Das Klavier blieb unverrückbar in der Kurve hängen. „Ner ja", sagte der Heiner, „dou woor nix mehr zu machn. Und nou simmer hald ganger." Sie ließen das Klavier und den erstaunten Herrn Alfons zurück, nahmen lediglich die wesentlich leichter zu transportierenden hundertfünfzig Mark mit und verschwanden mit ihrem VW-Kombi, Baujahr 1959. „Des woor", wimmerte der Alfons im Zeugenstand, „des woor am Freidooch, Herr Richder. Oomds ummer siemer. Und erschd am Diensdooch hobbi an gfundn, der wou mer hilfd. I hob ummernanderdelefoniderd wäi a Bläider. Wall ausn Haus hobbi ja nedd kennd, wall mer däi middn Glawier in Weech abgschniidn hom."

Am vierten Tag kamen drei Möbelpacker, erkannten die ausweglose Lage und mußten mittels eines Pickels und zwei Stemmeisen leichte Gewalt anwenden. Das Klavier kam nach einem freien Fall bis in den zweiten Stock in die Mülloper und für den Rest des Schadens mußte der Alfons eine Maurerfirma beauftragen.

Wegen Sachbeschädigung und Betrugs wurde der Heiner zu 1500 und der Ludwig zu 500 Mark Strafe verurteilt. „A Glawier", sagte der Heiner, „lehn iich in Zukumbfd ab. Hexdns, daß mers middern Fliigl browiern. Dou braugsd blous es Fensder aafmachn und nou konnsd nern fläing loun."

Der Kranken-
transport

Nach dem schönen Motto „Hopfen und Malz freuen meinen Hals" verbringt der Anton viele Abende in den Wirtshäusern der Innenstadt und hat neben seinem einst erworbenen Heiligenschein inzwischen auch den Führerschein verloren. Hinzu kommt, daß der Anton sehr oft in der Südstadt trinkt und leider in der Nordstadt in der Nähe vom Krankenhaus wohnt.

Diese Entfernung kann man entweder mit dem Auto zurücklegen, mit den öffentlichen Verkehrsmitteln, mit dem Taxi oder mit den eigenen Füßen. Alle vier Fortbewegungsarten kommen aber für den Anton nicht in Frage: Autofahren darf er nicht, Straßenbahnfahren kann er früh um drei Uhr aus Gründen des Fahrplans nicht, das Taxi ist ihm zu teuer und die eigenen Füße sind nach zehn bis zwölf Bier mit den dazugehörigen Schnäpsen meistens zum Laufen nicht mehr in der Lage.

Wegen der Transportschwierigkeiten ist der Anton jetzt vor Gericht gestanden. Als Zeuge wurde zuerst der Wirt vernommen, der damals bei der intravenösen Abfüllung vom Anton die Oberleitung hatte. „Ja Godd", sagte er, „der Moo is schon ganz schäi banander gween an den Dooch und i hob nern a Daxi oogruufn. Obber nacher halm Schdund suwos isser aff aamol aff alle vier widder zon Werzhaus reigrabbld kummer und hodd miich zammgschissn. Dasser nedd im Loddo gwunner hodd, hodder gsachd, dasser Daxi mindestens fuchzeha Marg kosd und dasser dou ja aa midder Kudschn vo der englischn Könichin hammfoorn kennd."

Die Diskussion zog sich noch ein bißchen in die Länge und auf einmal fiel der Anton steif wie ein Brett um, knallte auf den Boden und blieb liegen. „Ner ja", sagte der Wirt, „nou hobbi nerdirli serfordd die Sanideeder oogruufn. Wall der hodd ja ausgschaud, wäi wenner glinisch scho doud is."

Zehn Minuten später kamen die Sanitäter mit Blaulicht und Martinshorn; der Anton wurde vorsichtig auf die Bahre gehoben, an den diesmal nicht mit Bier gefüllten Tropfer angeschlossen und abtransportiert. „Horng S', Herr Richder", sagte er jetzt, „an däi Woor middi Sanideeder konn iich mich bam besdn Willn nemmer erinnern. Iich woor ja bewußdlos, nä! Und wäi iich widder aus meiner Ohnmachd aafgwachd bin, sichi aff aamol, dassi derhamm vuur meiner Wohnung bin. Ner ja, nou binni aafgschdandn, hob mein Hausschlüssl aus der Daschn raus und hob aafgschberrd."

Die Sanitäter schilderten es aber so, daß der klinisch tote Anton kurz vor der Einfahrt ins Krankenhaus von der Bahre aufsprang, sich freundlich für die Heimfahrt bedankte und verschwinden wollte. Sie hatten aber die Polizei alarmiert.

Wegen des Mißbrauchs eines Krankenwagens als kostenloses Taxi wurde der Anton zu einer Geldstrafe von 3500 Mark verurteilt. „Ganz schäi daier", sagte er, „wemmer rechnd, daß in denni ihrn Drobfer ner blous a kalds Wasser drinner woor."

Der Kunstkritiker

Zum Albrecht Dürer oder zum Rembrandt hat es der Hermann noch nicht ganz gebracht, aber er ist auf dem besten Weg dazu. Seit seiner gnädigen Pensionierung wandert er mit seinem Künstler-Köfferchen und einem alten Camping-Stuhl durch die Altstadt und malt nach der Natur sehr schöne Aquarelle.

Was er dabei in keiner Weise schätzt, sind Mitmenschen, die sich in der Kunst auskennen wie in ihrer eigenen Hosentasche und sich dadurch für höhere irdische Wesen halten. Es dreht sich dabei um Kunstkritiker, die unglücklicherweise in jeder Stadt häufig vorkommen und ihr Allwissen ohne weiteres anderen Menschen zugänglich machen. Sie wirken auf Künstler wie ein Hund auf eine Katze.

An einem milden Sonntag voller Kastanienblütenduft, Sonnenschein und Weizenbier ist es zu so einem bedauerlichen Zusammentreffen zwischen Kunst und Kritik gekommen: Der Hermann ist in der Sebalder Altstadtseite auf seinem Campingstuhl gesessen, vor sich ein sehr schönes Motiv in Gestalt eines Biergartens und hinter sich einen Herrn namens Franz.

Anfangs war der Franz der bildenden Kunst gegenüber noch positiv eingestellt. „Dunnerweddernei", sagte er, „Sie kenner fei schäi mooln. Däi Männla dou schauer richdich aus wäi in Echd." Der Hermann zündete sich als Antwort eine Zigarre an und blies dem Franz einen Rauchwolke ins Gesicht, daß man den Kopf des Kunstkritikers förmlich über den Wolken schweben sah.

„Horng'S amol", sagte der Franz, „kenndn'S miich vielleichd aa a weng in ihr Bildla neimooln? I hogg mi gschwind aff a Seidla in den Biergarddn nei, gell. Und nou moolns mi schäi ab." Der Franz zischte also unter den Kastanien schnell zwei Seidlein und eilte dann zum Künstler zurück, um das Werk weiter zu begutachten.

Wie befohlen, hatte der Hermann den Franz sehr schön gemalt und darüber das Wirtshausschild, wo man deutlich lesen konnte „Zum blöden Ochs". „Des schaud ja ball suu aus", sagte das Modell zu seinem Maler, „wäi wenn des hassn soll, daß iich a bläider Ochs bin. Odder wos? Und Ohrn hosd mer hiigmoold wäi von anner Sau. Des kummd widder wech, gell!"

Die Schweinsohren kamen nicht weg. Im Gegenteil, der Hermann malte dem Franz gut sichtbar hinten noch ein Ringelschwänzchen hin und sagte: „Iich mool alles originol nach der Nadur."

Vollkommen natürlich krönte der Hermann sein Werk dann noch mit einem Reklameflugzeug am blauen Firmament, das eine lange Schleppe hinter sich durch die Lüfte zog und darauf konnte man statt „Musik Scharf" oder „Gonnermann & Schmitt" die Aufschrift lesen: „Hau ab, du Arsch!"

Daraufhin holte der Kunstkritiker die Polizei. Aufgrund des Gesetzes von der künstlerischen Freiheit wurde der Hermann am Amtsgericht aber vom Vorwurf der Beleidigung freigesprochen.

Der Häufchenzähler

Was die politischen Parteien alle sechs Jahre ihren Wählern mitunter sogar dringend empfehlen, ist vielerorts bei Hunden wiederum gar nicht gern gesehen. Es dreht sich bei dieser so unterschiedlich bewerteten Tätigkeit um das bekannte Häufeln.

Ein entschiedener Gegner vom Häufeln bei Hunden auf den Gehwegen ist der Ulrich, der in der Innenstadt wohnt und schon ein Pech hat mit der Notdurft von Vierbeinern. Es verhält sich bei ihm mit den Häufchen so ähnlich wie beim Bundeskanzler mit den Fettnäpfchen. Kaum ist eines aufgestellt, schon steht er mittendrinn.

Wegen seiner Pechsträhne mit dem Stuhlgang ist er jetzt sogar vor Gericht angeklagt gewesen. An einem Sonntagabend ist der Ulrich nämlich durch die Stadt spaziert und hat Schaufenster betrachtet und Hundehaufen gezählt. Die Zählung war notwendig, weil er an dem Abend noch einen wissenschaftlich untermauerten Leserbrief hat schreiben wollen. Zehn Häufchen hatte er schon gezählt und in seinen Block notiert mit Größe, Farbe, Durchmesser und dem geschätzten Gewicht, in sieben davon ist er aus Versehen hineingestiegen, und plötzlich hat er einen jener Vierbeiner, die kein Schamgefühl und kein Spülklosett kennen, in flagranti erwischt.

Nebendran ist sein Herrchen gestanden und hat interessiert beobachtet, wie sich dieser Wolf in aller Ruhe vor dem Schaufenster einer Metzgerei von seinem Abendessen verabschiedet hat.

Der Ulrich zog Kugelschreiber und Block, notierte bruchstückhaft irgendwas von „ca. drei Pfund, zehn Zentimeter hoch" und sagte dann zu dem Hundehalter namens Karl: „Und Ihrn Noomer gräich i biddschen nu und die Adress, gell!" Worauf der Karl sich eines weiteren Hilfsmittels aus der Tierwelt bediente und dem Häufchenzähler den Vogel zeigte.

„Edzer", schrie darauf der Ulrich, „edzer is es Maß vull, Herr Nachber. Suu a Sau vonnern Hund hodd in der Schdadd nix verlurn! Schauer's, daß des Bäggla Scheißdreeg zammbaggn und nou gemmer aff die Bollizei. Obber a weng bledzli!"

Der Karl erklärte dem Exkrementen-Forscher, daß sein Hund keine Sau ist, sondern ein ungarischer Steppenhund, daß er von höchster Abstammung ist und blaues Blut in ihm steckt. „Dassi nedd lach", sagte der Ulrich, „vonnern blauer Bloud sichi dou nix – an gräiner Scheißdreeg sichi. Woorscheins hodder Schbinood gfressn. Und wenns edzer den Haufn nedd sofordd wechdenner, nou bassierd wos!" Kurz danach drückte der Ulrich seinen Unmut in Gestalt einer sehr kräftigen Schelln aus.

Wegen Beleidigung und Körperverletzung wurde er zu einer Geldstrafe von 1200 Mark verurteilt. „Dou is", sagte der Angeklagte ganz im Sinn des Streitobjekts, „dou is ganz schäi draff gschissn." Und zwar ca. drei Pfund schwer und zehn Zentimeter hoch, wahrscheinlich.

Der Hausmeister
im Kehrichteimer

Der Adolf ist ein Hausmeister von altgermanischer Machart und man weiß bei so einem Mann auch, warum ein fünfstöckiges Wohnhaus mit zehn Mietparteien den tristen Namen Mietskaserne trägt. Denn in so einem Haus muß Zucht und Ordnung herrschen.

Am liebsten würde der Adolf die Untermieter jeden früh um sechs zum Appell antreten lassen. Und gerne sähe er auch, wenn die Frauen während der Hausordnung den Schrubber wie ein Gewehr über der Schulter tragen. Gegen solche Hausmeister gibt es fast kein Aufbegehren, wie man aus der Vergangenheit weiß, aber jetzt ist der Adolf wider Erwarten vor Gericht gestanden.

Klägerin war die Elfriede aus dem zweiten Stock, die der Herr Hauswart schon länger auf der Abschußliste stehen hatte. Gemäß den Anordnungen vom Adolf ist es nämlich streng verboten, in die große Mülltonne im Hinterhof heiße Kohlenasche zu schütten. Trotzdem ist in dem Kübel fast jeden Tag heiße Asche gewesen. Der Hausmeister hatte wegen dieser Befehlskraftzersetzung die Elfriede im Verdacht, nur fehlten ihm zur vollkommenen Überführung die Beweise.

Da griff der Hausmeiste zu einer List – er ging in den Untergrund, und zwar in den Untergrund des Müllkübels. „Fräih ummer sechser", sagte er vor Gericht, „binni scho aff Bosdn gschdandn." Man muß aber besser sagen: Er ist auf Posten gekauert, denn in der Mülltonne war es neben alten Kartoffelschalen, Kaffeesatz, faulen Tomaten, Brotresten und anderen Küchenabfällen sehr eng.

Aber der Adolf hat gegen sich selber kein Erbarmen gekannt. Über eine Stunde lang ist er als Abfallprodukt in der stinkenden Finsternis gesessen. Plötzlich hat sich der Deckel geöffnet und der Adolf hat an verschiedenen Brandwunden im Gesicht sofort gemerkt: Es ist verbotene heiße Kohlenasche. Wie der Phoenix ist er blitzschnell aus dieser Asche aufgetaucht und hat gebrüllt: „Hobbi di endli derwischd, diich Wilzau, diich dreggerde!"

Bei diesen Worten eines Herrenmenschen ist der Hausmeister am Kopf mit welken Salatblättern bedeckt gewesen, vor dem einen Auge ist ein alter Wollsocken gebaumelt und von der Asche war er im ganzen Gesicht schwarz gesprenkelt.

Die Elfriede hatte gerade noch sagen können „Allmächd, der Deifl", dann ist sie in Ohnmacht gefallen. Nach ihren eigenen Angaben hat sie noch heute Alpträume von dem Hausmeister in der Mülltonne. Ihre Nerven sind seit diesem Zwischenfall stark in Mitleidenschaft gezogen, und der Adolf ist wegen Beleidigung und Körperverletzung zu einer Geldstrafe von 750 Mark verurteilt worden.

„Iich maan immer nu", sagte die Elfriede am Schluß, „des woor der Deifl. Wall dou is ja sugoor a Blidz vom Himml rookummer." – „Debberla", sagt der Adolf, „des woor nedd vom Himml, des woor der Blidz vo mein Foddo!"

Das Observatorium
im Hinterhof

Der Helmut geht schon hart an die siebzig, aber im Herzen und auch an einer ganz anderen Stelle ist der Pensionist noch rüstig und standhaft wie der bekannte Zinnsoldat. Allerdings finden die Seitensprünge vom Helmut nur noch auf dem schönen Gebiet der Optik statt. Und zwar liegt sein Hinterhofbalkon genau in der Höhe vom Schlafzimnmer eines jüngeren und sehr fleißigen Ehepaares.

Die Distanz überbrückt der Helmut mit einem Fernrohr, das eigentlich mehr für den Mars und den Jupiter und nicht für irgendeine irdische Venus gedacht ist. Eine Zeitlang hat er die Sternwarte in einsamen Sommernächten ganz allein bedient und hat vollkommen unbemerkt an den Freuden des nachbarlichen Ehepaares teilgenommen.

Seine anschließenden Erzählungen im Wirtshaus jedesmal haben aber großen Anklang gefunden und so hat es sich an einem milden Herbstabend ergeben, daß am Helmut seinem Balkon sich nachweislich sieben Rentner um das Fernrohr gedrängt haben. Leider ist aber in dieser Nacht beim Nachbar gegenüber nicht viel gelaufen.

„Ja", sagte der Helmut am Gericht, „wos sollin dou vill soong? Mir hom an Kastn Bier mit nausgnummer am Balgon und a Schnebsle. Mir hom a ganz schäine Gaudi g'habd.

Nerblous im Schloofzimmer driimer is ums Verreggn nix gloffn."

Mitten in die knisternde Spannung hinein läutete es auf einmal an der Tür, der Helmut machte auf und ein ihm irgendwie bekannter Herr wollte gleich in Richtung Balkon eilen. „Momend amol", sagte der Helmut, „als erschdes gräichi amol an Zehner Eindridd, Freind. Nou konnsd am Balgon naus – obber es läffd haid suwisuu nix."

Der neue Gast zahlte die zehn Mark und begab sich dann in das Observatorium zum Hinterhof, wo inzwischen schon eine sehr fröhliche Stimmung herrschte. „Wer bisdn du ibberhabbds", fragte der Helmut den Gast Nummer acht. „Iich bin der Baul."

„Also Baul", wies ihn der Gastgeber ein, „dou driimer im driddn Schdogg es fimbfde Fensder vo lings – dou leffd normool die ganze Sache ab. Dou siggsd Dinger, konni der soong, dou is a Bonnofilm a Kaffeegränzla dergeeng. Däi rumbln ofd zwaa Schdund lang umernander, dassders bis dou riiber schebbern heersd. Der Moo vo dera Aldn is fiir mich ka Mensch. Des is a Hengsd."

Bei dem Wort Hengst packte der Herr Paul den Helmut am Schlafittchen, zog ihm die zehn Mark Eintritt wieder aus der Jacke und bedachte ihn mit einer Ohrfeige, die, wie man sagt, nicht von schlechten Eltern war. „Der Hengsd dou driimer bin nemlich iich", sagte der Paul und empfahl sich von den sieben Rentnern.

Der Helmut erlitt eine leichte Gehirnerschütterung. Der Paul wurde wegen Körperverletzung zu einer Geldstrafe von 450 Mark verurteilt. Der Herr Amtsgerichtsrat betonte aber auch nachträglich, daß sich der Helmut und seine sieben Kumpel schämen und vielleicht doch besser den Jupiter beobachten sollen. „Wos andersch gäid ja aa nemmer", sagte der Helmut, „wall däi hom si edzer Rolloo kaffd dou driimer."

Karajan und der Preßsackschnerpfel

Der Coup war sorgfältig und von langer Hand vorbereitet. Nur in den Details hat der Plan für eine kostenlose Nacht im Hotel einige Mängel aufgewiesen. Es ist noch vor dem Hineinsinken in ein schönes Bett mit Daunendecken aufgeflogen, weil Herr Karajan, der berühmte Maestro, in der Hotelhalle zu seinem Konzertmeister „Du bläids Oorschluuch, du bläids" gesagt hat.

Jetzt sind der Karajan und sein erster Geiger vor dem Amtsgericht gestanden. „Oomds ummer zehner rum", erinnerte sich der Nachtportier, „hodd es Dellefon gschelld, und der wou droo gween ist, hodd wissn wolln, ob des middn Karajan seine zwaa Einzlzimmer in Orddnung gäid. Iich woor ganz durchernander, Herr Richder, wall ich von den Karajan seine Einzlzimmer nix gwissd hob. Und a halbe Schdund schbeeder suwos sins alle zwaa schou dou gween."

Vor dem Portier standen zwei Mann in schwarzen Mänteln, in Turnschuhen ohne Schnürsenkel, einem längeren Haarwuchs und unrasiert. Der eine Herr hatte einen grünen Stekken in der Hand, der andere einen Geigenkasten. „Dou hobbis nunni gmergd, Herr Richder", sagte der Nachtportier, „obwohl – iich hädds eingli scho schbanner mäin. Wall den Karajan sei Dirigendnschdab is nemli a Schdeggerla aus unsern Blummerkasdn gween. Dou hobbi unsern groußn Gummibaum mid abgschdüdzd, dasser nedd umfläichd."

Der Herbert von Karajan fuchtelte also mit dem Stecken aus dem Blumenkasten in der Luft rum, wie wenn er die Unvollendete dirigieren möchte, wollte sich die Zimmerschlüssel aushändigen lassen und erkundigte sich nach einem kleinen Imbiß. „Doud mer leid, Herr Karajan", sagte der Portier, „die Kichn is scho zou. I hob blous nu a boor Salzleddn dou."

Da setzte sich der erste Geiger mit einem tiefen Seufzer an ein kleines Tischchen in der Halle, öffnete den Geigenkasten, wo sich dem erstaunten Portier ein Preßsackschnerpfel, ein halber Laib Brot, zwei Gurken und eine Flasche Bier zeigten. „Middern Bressagg", murmelte der Empfangs-Chef, „middern Bressagg kommer doch nedd geing. Und middern Schnerbfl scho glei goornedd."

Im gleichen Moment rannte der Karajan zu seinem hungrigen Konzertmeister, knallte den Geigenkasten zu und brüllte wie schon erwähnt „Du bläids Oorschluuch, du bläids!" Daraufhin sperrte der Portier die Halle zu und rief die Polizei an.

Es stellte sich dann heraus, daß der Herbert von Karajan eigentlich Emil heißt, der Preßsackschnerpfel-Solist Adolf, daß die schwarzen Mäntel im Bahnhof als vermißt gemeldet waren von zwei auswärtigen Trauergästen. Nur der Geigenkasten gehört dem Adolf. Er war früher Komponist und Textdichter, wie sie oft im Fernsehen beim Grand Prix auftreten. Wegen versuchten Betrugs und Diebstahls wurden sie zu sechshundert Mark verurteilt. Was bei vielen anderen Textdichtern und Komponisten oft auch angebracht wäre.

Der gefüllte Kürbis

Der Adolf ist ein Mensch, der den biblischen Befehl, daß man sich die Erde untertan machen soll, sehr ernst nimmt. Er behandelt seinen Rasen im Garten wie ein Kompaniefeldwebel verschüchterte Rekruten. Der Rasen hat also den Status eines Untertanen. Die einzelnen Gräser müssen stramm stehen, dürfen nicht aufmucken, und wenn sich wo ein Gänseblümchen zeigt, dann wird es wie eine wilde Bestie ausgerottet.

Das Gras vom Adolf erweckt ohne weiteres den Anschein eines Teppichbodens und wird jeden Tag von einem Motormäher auf die vorschriftsmäßige Länge von 0,5 Millimeter gestutzt. Dadurch entsteht vom Frühling bis zum späten Herbst ein sehr anheimelndes Geräusch, wie wenn eine Hubschrauber-Staffel zur Landung ansetzt. Die Nachbarn sind darüber sehr zufrieden, denn nur wer den ohrenbetäubenden Lärm kennt, kann die Stille schätzen.

Lediglich ein Herr namens Helmut toleriert die tägliche Durchbrechung der Schallmauer nicht. Er ist jetzt wegen seiner verschiedenen Abwehrmaßnahmen vor Gericht gestanden.

Sein Kampf gegen den Lärm hat in einer Aktion gegipfelt, deren Durchführung noch im dunkeln liegt und lediglich das Resultat an einem Sonntagabend im Herbst wie eine Bombe beim Adolf eingeschlagen hat. Beziehungsweise wie eine Stinkbombe. Neben seinem Rasen befehligte der Adolf noch einen sehr schönen Kürbis im hintersten Eck seines Gartens. „Des woor ein Kirbis, Herr Richder", winselte der Rasenbändiger, „dou hosd nerblous dein Houd zäing kenner. Wennsd dou hiigschaud hosd, häsd maaner kenner, die Sunner gäid aaf."

Bei der Kürbisernte am Sonntag hat der Adolf dann mehr gedacht, die Welt geht unter. „Iich drooch den Kirbis", sagte er, „mid meiner Frau in die Kichn nei, leech nern schäi vuursichdi am Diisch hii und schneid nern miidn groußn Broodmesser aaf und nou schdingt des aaf aamol wäi die Besd, Herr Richder. Meiner Frau is vo dem Gschdank glei schlechd wordn, daß schbeier hodd mäin." Beim näheren Hinriechen stellte der Adolf dann mit lähmendem Entsetzen fest, daß der infame Herr Nachbar als Rache für das Rasenmähen den Kürbis vor der Ernte bereits sorgfältig aufgeschnitten und mit einer hervorragenden Zielsicherheit als Klosettschüssel benützt hatte. „Mei schäiner Kirbis", jammerte der Adolf, „is bis zum Rand naaf vullgschissn gween. Und neiglangd hobbi aa nu."

Es hat rekonstruiert werden können, daß der Kürbis nach der ungewöhnlichen Füllung wieder zugeklappt wurde und die Schnittstelle mit gelber Farbe und Tesafilm unsichtbar gemacht worden ist. Allerdings ist der Adolf in einer unüberwindlichen Beweisnot gewesen, weil niemand den Helmut bei der Hohlraumversiegelung beobachtet hat. Also ist der Nachbar freigesprochen worden.

Die Sau im Taxi

Entgegen jeder medizinischen Lehrmeinung ist beim Paul die Leber direkt an das Zwerchfell angeschlossen. Der Paul ist nämlich ein fränkischer Karnevalist von rechtem Schrott und Korn, bei dem der Frohsinn linear mit dem Alkoholgehalt steigt. Je geschwollener also die Leber auf einem Faschingsball, desto gewaltiger scheppert das Zwerchfell und sein Gelächter. Als Höhepunkt lacht er dann in den frühen Morgenstunden Breggerla, wie man hierzulande sagt. Als fast berufsmäßiger Karnevalist läßt sich der Paul auch in jeder Saison immer ein sehr schönes Faschingskostüm einfallen.

Jetzt ist es am Amtsgericht um seine vortreffliche Maskerade als Zigeunerbaron nach der gleichnamigen Operette gegangen, wo bekanntlich die Arie von der wilden Sau vorkommt. Gemäß dem Lied „Mein idealer Lebenszweck ist Borstenvieh und Schweinespeck" ist der Paul also nach einem Faschingsball, vom Härtegrad zehn, früh um vier folgendermaßen am Taxi-Stand vom Hauptbahnhof gestanden: Eingekleidet in eine Uniform, wie sie möglicherweise die Hunnen seinerzeit bei der Schlacht am Lechfeld schon getragen haben, einen alten Kaffeewärmer am Kopf, der praktisch die Donaumonarchie verkörperte, schwarze Stiefel bis hoch übers Knie, aus einem Geschäft für Sportangler, und wegen der Operettenarie ein lebendiges Zwei-Zentner-Schwein. Die Sau war mit dem Paul durch einen festen Strick verbunden und quietschte in der Kälte am Hauptbahnhof wie am Spieß.

Als zweites Tier hatte der Karnevalist noch einen immensen Affen mit dabei in Höhe von ungefähr drei Promille. Dann kam das Taxi. „Mir wolln", lallte der Paul, wie er die quietschende Sau auf den Beifahrersitz wuchtete, „mir zwaa wolln edzer hamm. Die Sau wohnd in Almershuuf bannern Bauern und iich in Ziiglschdaa. Also gemmer, Masder! Erschd iich und nou mei Suggerla." „Du nedd", schrie der Taxifahrer, „und dei Sau scho glei goornedd. Vielleichd dousd hammreidn, obber mid mein Audo leffd nix."

Allerdings hatte sich die Sau bereits am Vordersitz niedergelassen und von hinten drohte der Zigeunerbaron mit dem Tierschutzverein. Im gleichen Moment hinterließ die Sau auf den Lederbezügen ein kunstvoll gekringeltes Autogramm, quietschte ein letztes Mal laut auf und starb dann an Herzversagen. „Mörder, Mörder", schrie der Zigeunerbaron durch die Nacht, „der Daxerer hodd mei Sau umbrachd!" Danach schmierte der Paul dem Taxifahrer eine, und dann kam die Polizei.

Wegen Tierquälerei, Sachbeschädigung und Körperverletzung wurde der Paul jetzt zu einer Geldstrafe von 1500 Mark verurteilt. „Wardd ner", drohte der Paul danach dem Taxifahrer, „nexds Joor gäih iich als Roudkäbbchen und nou kummi middern Wolf!"

Willi, der Schweiger

Der Angeklagte hört auf den Namen Willi oder auch nicht, frißt sonntags statt Schweinebraten kleine weiße Körnchen und schreit angeblich meistens mitten in der Nacht wie am Spieß. Der Willi ist also ein Papagei. Er gehört dem Helmut, der den rotblauen Schreihals jetzt als Beweismittel zum Amtsgericht mitbringen hat müssen.

Im Haus von dem Vogelhalter wohnen nämlich auch noch andere Menschen, von denen wiederum eine Dame namens Elisabeth im Ohr praktisch einen Seismograph hat. Sie ist so hellhörig, daß sie angeblich wegen dem Krächzen von dem Willi seit einem halben Jahr kein Auge mehr zugetan hat. „Wenn der es Schreia oofängd", teilte sie dem Herrn Amtsgerichtsrat mit, „nou maansd grood, dou werd anner umbrachd. I bin weecher den Viich edzer scho dreimol ban Nervndoggder gween. Dou konni doch glei im Diergarddn iibernachdn!"

Wie die Zeugenaussagen von den anderen Haubewohnern ergaben, muß es sich beim Willi aber mehr um einen Fisch handeln, denn alle bestätigen, daß von diesem unheimlichen

Krächzen und Schreien nicht die Rede sein kann. Der Herr Richter wollte den Dingen aber auf den Grund gehen, und so wurde der Willi höchstpersönlich auf einer kleinen Stange in den Gerichtssaal getragen.

Der Richter klatschte in die Hände, doch der Willi rührte sich nicht. Der Richter sprach mit ihm von Mensch zu Mensch gewissermaßen – keine Reaktion vom Willi. Zum Schluß fuchtelte der Herr Vorsitzende noch mit den Akten vor dem Willi rum – ohne Erfolg. Der Willi blieb mucks-mäuschenstill.

„Dassis nedd vergess", meckerte die Elisabeth dann dazwi-schen, „reedn douder aa nu. Und nix wäi Sauereien. Wäi nern sei Herrla amool die Drebbn roodroong hodd, nou hodder aff aamol ganz laud zu mir ‚Alds Oorschluuch' gsachd."

Aber auch in dieser Richtung ließ der Willi jetzt im Gerichtssaal kein Sterbenswörtchen verlauten. „Der hodd nern woorscheins die Zunger abgschniidn", vermutete die Elisabeth. Was sich aber auch nicht bestätigte.

Nach über einer halben Stunde gab das hohe Gericht seine Bemühungen auf, den Papagei zum Krächzen, Singen oder Sprechen zu bringen, und der Helmut wurde vom Vorwurf der fortgesetzten Ruhestörung und diverser Beleidigungen freigesprochen. Mehr privat gab der Richter dem Vogel-freund noch den Ratschlag mit auf den Heimweg, daß er sich für den Willi demnächst noch ein Papagei-Weibchen anschaffen soll. Falls er doch hin und wieder einmal kräch-zen sollte. Weil in der Zweisamkeit Papageien völlig ruhig seien.

Der Herr Rat hatte seinen Vorschlag mit dem Weibchen noch nicht richtig ausgesprochen, da sträubte der Willi auf einmal die Federn, öffnete den Schnabel und plärrte durch den Saal „Alds Oorschluuch, alds!" Da war die Sitzung aber bereits beendet.

Klaus S.
Deutscher Sackstraßen·Meister 1986

Das Nürnberger Rathaus*****
steht in Katzwang
Katzwanger Hauptstraße
Ecke Franz-Liszt Str. 1
Tel. 0911-64 69 22

*Ein bedauerlicher Fuckdrehler,
bzw. Druckfehler:
Es muß Rad-Haus heißen.

Radsporthaus
Goletz & Otte

Jürgen Goletz, ehemaliger
deutscher Straßenmeister,

Manfred Otte ("Jcke")
Chefmechaniker der deutschen
Nationalmannschaft bedienen Sie.
Manchmal ist auch ein Schluck
Bier da für durstige Kniekehlen.

In dulci Video

Wahrscheinlich kann der Helmut fliegen, weil er nämlich erstens nach eigenem Bekunden ein Prachtexemplar von einem Unschuldsengel ist und zweitens an einem dämmerigen Nachmittag am Christkindlesmarkt wie vom Himmel verschluckt irgendwie entschwebt ist. Allerdings nicht wie ein Engel mit Flügeln am Buckel, sondern mit einer sehr kostbaren Video-Kamera.

Beim Versuch, die Filmausrüstung preisgünstig zu verscherbeln, ist er leider erwischt worden, und jetzt ist es am Gericht verhandelt worden. Ursprünglich hatte die Video-Kamera nämlich dem Herbert und der Erika gehört, die sich anläßlich ihrer Silberhochzeit auf dem Christkindlesmarkt für die Nachwelt auf einem längeren Film bannen lassen wollten.

„Also des woor asuu", sagte der Helmut, „daß der Moo mid sein Drimmer Fideo-Zeich ummern Hals rum aff miich zougwangd kummer is und gfroochd hodd, obbin vielleichd

209

zamms seiner Frau a weng filmer kennd. Und nou hob iich gsachd, dassi mi mid den Fideo dou ibberhabbs nedd auskenn. Obber er hodd mi biddld und beddld, Herr Richder – und nou hobb aff aamol iich des ganze Zeich ummern Hals henger g'habd. Und nou hobbi hald den Moo und däi Frau gfilmd. Zeerschd vuur der Gribbn, nou ba die Zwedschgermännla und wäis alle zwaa middern Blasdigg-Becherla vull Gliiwein oogschdousn hom. I bimmer vuurkummer wäi anner vom Fernseeng."

Und auf einmal waren dem Helmut seine zwei Hauptdarsteller angeblich verschwunden und der leihweise Kameramann ist hilflos wie ein kleines Kind mit der fremden Filmausrüstung am Hauptmarkt umhergeirrt. „Asuu a Gschmarri", sagte der Herbert, „dou schdimmd kein Wordd, Herr Richder. Iich hob zu den Moo nerblous gsachd, er soll uns a boor Sekundn lang vuur der Gribbn filmer. Und nou hodd er obber gmaand, daß des zer langweilich is und mir solln vuur zu die Zwedschgermännla laafn und er filmd uns zerschd vo hindn und nou kummder ummern Schäiner Brunna rumgrennd und machds numol vo vorn. Obber dou is kanner ummern Schäiner Brunna rumkummer. A Schdund suwos hommer gwardd – obber der Moo woor verschwundn und unser Kamera aa."

Zwei Stunden später ist der Helmut aber erwischt worden, wie er im Hauptbahnhof einen völlig erstaunten Reisenden aus Düsseldorf eine komplette Videoausrüstung um zweihundert Mark angeboten hat. „Des schdimmd scho widder nedd", sagte der Helmut, „wall iich hob doch fieberhafd nach den Moo gsouchd, der wou mer dou abhandn kummer is. Und der im Boonhuuf woor dem wäi ausn Gsichd geschniidn. Obber er woors dann doch nedd."

Der Herr Rat glaubte es aber nicht und verurteilte den mit Vorstrafen bereits sehr gut eingesäumten Angeklagten wegen Diebstahl zu einer sechsmonatigen Einsitzung. „Sooderla", sagte der Helmut, „edzer bin iich scheinds aa aweng gfilmd worn."

Am schönen Nürnberger Christkindlesmarkt

Gemäß dem Sprichwort, daß, wenn man sich in die Gefahr begibt, man auch meistens in ihr umkommt, hat der Willy seit Jahren einen Besuch des Nürnberger Christkindlesmarktes konsequent vermieden. So ist er also ohne weiteres Verbrennungen dritten Grades durch eine kleine Glühwein-Dusche, Senfspritzern in die Augen, Lebensmittelvergiftungen und anderen berühmten Sehenswürdigkeiten dieses schönen Marktes stets entgangen. Einmal aber erwischt es jeden, und so ist der Willy jetzt als Zeuge vor Gericht gestanden und ein Lastwagenfahrer namens Karl war angeklagt wegen Freiheitsberaubung.

Zwei Tage vor dem Heiligen Abend im vergangenen Jahr hatte der Willy trotz mehrfacher Anmahnung seitens seiner Ehefrau immer noch keinen Christbaum gekauft und kein einziges Weihnachtsgeschenk. Also entschloß sich der Willy trotz schwerster Bedenken, die letzten Einkäufe auf dem Christkindlesmarkt zu tätigen. Nach langem Hin und Her und fünfzehn Glühwein war der pressante Wandersmann mit sieben oder acht Paketen beladen, mehreren Plastiktüten, einem kleinen Preller und einem Christbaum, den man von der Größe her ohne weiteres auch vor dem Hauptbahnhof hätte aufstellen können, endlich auf dem Heimweg. „Normool", sagte er jezt im Zeugenstand, „häddi an Blindnhund brauchd, Herr Richder, wall erschdns hodd mehr der

211

Scheiß Grisdbaum die Sichd verschberrd und zweidns is mer aa nu mei Houd iiber die Aung driibergrudschd." Also tastete er sich praktisch im Blindflug durch die Straßen.

Bereits nach ein paar Metern nahm dann das Schicksal im wahrsten Sinn des Wortes seinen Lauf. Gleich hinterm Rathaus parkte nämlich der Karl mit seinem Lastwagen und hatte die Laderampe auf Bodenhöhe eingestellt. „Iich hob nerblous gmergd", erinnerte sich der Willy, „daß aff aamol a weng in Berch naafganger ist. Und wäi iich des Berchla droomer woor, douds aff aamol an Drimmer Schlooch, iich schmeiß vuur lauder Schregg glei in Grisdbaum hii und meine Bäggla, dou mein Houd ausn Gsichd – und nou sichi, dassi aus Verseeng innern Lasdwoong neigrabbld bin." Der Schlag war das Schließen der Bordwand durch den Karl. „Häi Scheff", bat der Willy den Chauffeur, „mach kein Scheiß! Lou mi gschwind widder roo – iich mou hamm!"

Der Karl war aber auch vom heiligen Weihnachts-Streß befallen, entbot seinem überraschenden Fahrgast den Gruß des Götz von Berlichingen und fuhr mit dem Willy, acht Paketen, mehreren Plastiktüten, einem kleinen Affen und dem Christbaum heim. Und zwar wohnt der Karl in Alt-dorf. Während der Willy aber in Schniegling erwartet worden ist. „Erschd", sagte der Willy, „binni mid mein Grisd-baum und meine Bäggla a Schdiggla z'Fouß gloffn, nou hodd mi anner bis Faichd miidgnummer und um Midder-nachd woori nou derhamm!"

Der Karl ist aber freigesprochen worden, weil eine Absicht des Transportes nicht bewiesen werden konnte. Der Willy hat noch um ein schriftliches Protokoll der Verhandlung gebeten. „Worum?" fragte der Richter. „Sind Sie verhei-rood?" fragte der Willy zurück. „Ja", sagte der Richter. „Und scho amol am Heilichn oomd ummer Middernachd hammkummer und hom gsachd, sie sin aus Verseeng von-nern Lasdwoong endführd worn?" „Naa", sagte der Richter. „Obber iich", sagte der Willy", „und drum brauch iich ein Broddokoll."

Oh du Fröhliche

Wie man weiß, eignet sich das heilige Weihnachtsfest für jede Art von Geschäft. Unter dem Nerzmäntelchen der christlichen Nächstenliebe läßt sich die Menschheit entschieden am besten auf den Arm nehmen. Mit „Stille Nacht, heilige Nacht" im Ohr, kauft man, ohne mit der Wimper zu zucken, nützliche Gegenstände wie Lebkuchenherzen oder Sägespänbratwürste zum dreifachen Preis und hofft, daß es sich später beim Jüngsten Gericht wohltuend bemerkbar macht.

Der Karl, der sonst unbescholten sein Kleingeld mit schönen Blockflötenkonzerten in der Fußgängerzone verdient, hat sich von dieser heiligen Hysterie auch anstecken lassen. Das Jüngste Gericht hat sich vorläufig mit ihm noch nicht befaßt, aber das Amtsgericht. Er hat vor Weihnachten aus den Niederungen eines Zehnerlas-Unternehmers in die Hochfinanz aufsteigen wollen und eröffnete deshalb sein Geschäft in der Keller-Toilette eines vornehmen Innenstadt-Lokals.

In dieses Lokal sind während des Christkindlesmarktes täglich Hunderte von Gästen geströmt aus aller Herren Länder, aber nicht um etwas zu verzehren, sondern im Gegenteil. Diese Notlage hat der Karl ausgenutzt: Heimlich hat er sich jeden Tag in der Früh mit einem kleinen Champingstuhl ins unterirdische Clo geschlichen und ein Schild aufgehängt mit seinen Geschäftsbedingungen: „Aport-Benutzung eine Mark, Handwäsche kradis."

„Vo manche Laid", sagte der Karl jetzt am Gericht, „hobbi wergli a Marg gräichd, vo manche a Fuchzgerla und vo die masdn an Dreeg. Obber es ist mehr gloffn, wäi wennsd in der Fußgängerzone aff der Bloggfleedn ‚Oh du Fröhliche' schbillsd. Und dou maggsd di ja selber nervli ferddi. Wall iich konn nerblous ‚Oh du Fröhliche' und nachera Schdund hängds der doch bfundweis zon Hals raus, des Gschmarri."

An einem Samstagnachmittag kam das neue Geschäft vom Karl leider jäh zum Erliegen. „Kummd dou aff aamol anner in mein Abbord reigfeechd und brilld miich oo, dassi ein Verbrecher bin und dassi mei Gremberla baggn soll und aff der Schdell verschwindn. Nou sooch iich zu ihn in aller Ruhe „Horch Masder", soochi, ‚fiir di nedd suu aaf, sunsd kennds sei, dassd edzer glei frisch gfodzd rumleffsd!"

Mit mehr oder weniger sanfter Gewalt erteilte der Karl dem Ruhestörer Hausverbot am Clo. „Des moochi vielleichd", gab er ihm samt einem Schlag auf den Hinterkopf mit auf den Weg, „im Werzhaus nix saufn und nix fressn und dou herund in Abbord vullscheißn wolln. Und dann nu frech wern aa! Wennsdi nedd schleigsd, nou hulli in Scheff!"

Leider handelte es sich bei dem zahlungsunwilligen Gast genau um diesen Chef, der von der Existenz des eingeschlichenen Clo-Kassiers erst nach drei Tagen in Kenntnis gesetzt worden war. Die Amtsanmaßung als Clo-Mann, beziehungsweise der Hausfriedensbruch kam dem Karl auf drei Monate mit Bewährung. „Is aa draff gschissn", sagte er beim Abmarsch, „nou mousi fiir haier hald widder ‚Oh du Fröhliche' dräniern."

Die Weihnachtsfeier

Die Weihnachtsfeiern von dem kleinen Vorstadt-Fußball-verein sind beliebt und berühmt. Der besinnliche Teil dauert ungefähr immer fünf Minuten und nach dem gemeinsamen Weihnachtslied ist die Vorfreude der Mitglieder auf das nahe Fest so groß, daß Jahr für Jahr am Gabentisch einiger Fuß-baller auch eine Mitteilung der Staatsanwaltschaft liegt, betreffs Führerscheinentzug.

Der erste Vorstand hält bei diesen Feierlichkeiten immer die kurze Festansprache, in der er mahnende Worte über den Umgang mit Alkohol gerade bei Sportlern spricht. Ihm ist nach zwei Weihnachtsfeiern hintereinander der Führer-schein abgenommen worden. Der zweite regelmäßige Erfolg des Präsidenten, der Werner heißt, ist die Weihnachts-Tom-bola. Sie enthält immer sehr schöne Preise wie zum Beispiel drei Pakete Dachpappennägel, ein gebrauchtes Vogelhäus-chen, zehn Pfund Hühnerfutter oder selbstgezüchtete Meer-schweinchen.

„Kein Mensch", sagte der Werner jetzt vor Gericht, „hodd in dera Dombolla mehr a Los gnummer und ich hob nou den ganzn Grembl jeeds moll mid hamm nehmer derfn. Däi zwaa Meerschweinla zon Beischbill, des woor a Männla und a Weibla und edzer grabbln ba mir dahamm fimbferzwanzg Schdigg rum. Obber desmol hommer eine Sensazion g'habd, wall der erschde Breis in der Dombolla woor a nooglneis Fohrrood."

Hinsichtlich dieses Fahrrads sind gegen den Präsidenten aber schwere Beschuldigungen erhoben worden. Angeblich soll es sich um das Weihnachtsgeschenk für den Enkel vom Werner gehandelt haben und praktisch der Verlosung nur leihweise zur Verfügung gestanden sein. Der großartige Erfolg gab dem Präsidenten aber recht. Die jahrelang verschmähten Lose gingen weg wie Freibier und alles wartete gespannt auf die Verlosung.

Wie die Oppositionsgruppe im Verein schon vermutet hatte, ging der Sensations-Gewinn an den Präsidenten. Aus der anschließenden kleinen Diskussion entwickelte sich ein sehr gediegener Weihnachtsstreit, bei dem wie jedes Jahr laut geschrien, schwer getrunken und auch ein bißchen gerauft wurde.

„Nou machder hald", brüllte der Präsident am Höhepunkt der Adventsfeier, „in Zukumbfd eiern Dreeg alaans, Ihr bläidn Hund!" Danach fuhr er – gewarnt durch die zwei Polizeikontrollen der vergangenen Jahre – mit dem soeben gewonnenen Fahrrad heimwärts. Auf der Stadtautobahn wurde er ohne Licht und mit zwei fast platten Reifen aufgehalten.

Der Amtsgerichtsrat erklärte ihm jetzt, daß man auch wegen Radfahrens im betrunkenen Zustand den Führerschein verlieren kann. Diesesmal auf ein Jahr, verbunden mit einer Geldstrafe von dreitausend Mark. „Mir mäißerdn", sagte ein Vereinsmitglied unter den Zuhörern im Gerichtssaal, „mir mäißerdn in unser Dombolla amol als erschdn Breis an Fiiererschein neidou."

Gott erhalt's

Gsalzne Hering
Mooch der Werd
saufd mer vill mehr Bier

A Briesn Salz
Godd erhalz

Gsalzne Breise
Mooch der Scheff
Dou klinglds doch vill mehr

Gsalzne Schdrassn
Mooch die Schdadd
Kommer schneller raasn

Gsalzne Schdeiern
Mooch der Schdaad
Kommer Racheedn kaafn

Gsalzner Reeng
Brauchd die Weld
Simmer schneller hii

Gsalzne Drääner
Greind mei Bou
Und mir, mir denners wäih

A Briesn Salz
Godd erhalz

Rot und Weiß*

Die Hudzlbirnbaam im Burchgroom bläiha
Hindern Schnebbergärddla bfeids in die
Schleha
Zwaa Schboodzn raffn ummer Schdiggla
Broud
Und der Flieder is weiß und der Mond is roud
Roud und Weiß
Weiß und Woud
Es ganze Leem hosd neer a G'scheiß
Und amend – bisd a blouß doud
Die Hudzlbern im Burchgroom sin reif
Der Sandschdaadurm der schdäid
schduugschdeif
Drund im Groom riird si nix, dou is leis
Der Wein werd roud und die Daum scheißn
weiß
Die Hudzlbern im Groom sin schdaahardd
Der Schnäi hodd blous nu affn Nordwind
gwardd
A Schlurcher lichd in der Niischn drin – doud
Die Dächer sin weiß und die Bluudschbuurn
sin roud
Roud und Weiß
Weiß und Roud
Es ganze Leem hosd neer a G'scheiß
Und amend – bisd aa blouß doud

* Rot und Weiß sind die Farben der
fränkischen Freiheitsbewegung.

Abfend

Abfend, Abfend
Der Kiddl brennd
Die Sunner aa
Aff Arm und Baa
Gräigsd an Sunnerbrand
Der Durisdigg-Verband
hodd des Wedder b'schdelld
Wall in der Käld
Dou leffd
Hexdns die Noosn
Obber ka Gscheffd
Und dou drund in Bedlehem
Is seinerzeid
ja aa haaß gween

Abfend, Abfend
Der Kiddl brennd
Den Jesus in sein Drooch
Driffd edz der Schlooch
A Million Durisdn
Glodzn in sei Kisdn
Ameriganische Heere
Jauchzen dir Ehre
Vuur der Frauenkerch
Närmbercher Gwerch
Abfend, Abfend
Haud ab und rennd
Ganz schnell derfoo
In dulci jubilo

Abfend, Abfend
Alles rennd
am Haubdmargd noo
Nun singet und seid froh
A Huzzlbrood
lichd im Bargverbood
An Bolli mäins zum Erler bringer
er hodd vom Schreim
an Grambf im Finger
In der Schdrasserboo
Greind a Zwedschgermoo
Wall der Grisdkindlesmargd
is am Herzimbfargd
gschdorm:
Aa nix verdorm

Abfend, Abfend
Der Kiddl brennd,
Die Absädz raung
die Umsädz braung
Nu a boor Brozend
Abfend, Abfend
Kyrie Eleison
die Sanideeder kummer schon
Weihnachd, Weihnachd
Daß ner suu grachd
Man hört der Hirten Schalmei
Freuet Euch
Wall es gäid aa widder vobbei

Inhaltsverzeichnis